Hat Couture

Für Barbara, die etwas in mir gesehen hat,
bevor ich es wusste, und die mit
jedem Stich bei mir ist.

CLAUDIA KÖCHER

Hat Couture

Fabelhafte Hutkreationen für die Dame und den Herrn

Fotografien von Andy Kämpf
Illustrationen von Jessica Herber

EIN BUCH DER
EDITION MICHAEL FISCHER

Inhalt

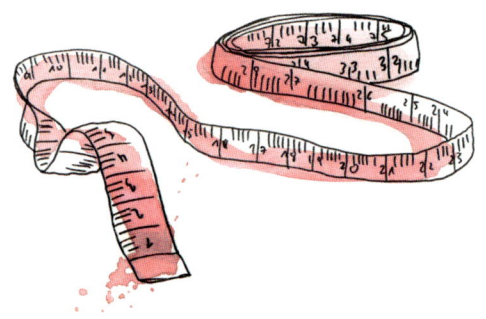
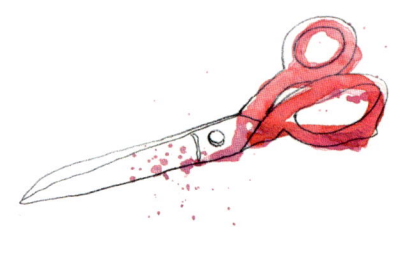

VORWORT

„A Hat is a Message for the Sky!" – Milan Knizak

Dieser Satz des tschechischen Künstlers Milan Knizak begleitet mich seit Jahren bei meiner Arbeit und ich finde, treffender kann man einen Hut nicht beschreiben.

Was mich an Hüten fasziniert, ist das, was sie mit uns anstellen. Jeder Mensch sieht mit dem gleichen Hut komplett anders aus. Wir stehen plötzlich aufrechter und haben dadurch eine ganz andere Ausstrahlung. Es ist wie das Tüpfelchen auf dem i. Der Hut macht ein Outfit erst komplett. Ich finde es nach all den Jahren immer noch faszinierend, wie jemand, der bisher nie einen Hut getragen hat und mit der festen Meinung in meinen Laden kommt, dass er kein „Hutgesicht" hat, plötzlich überrascht und mit leuchtenden Augen vor dem Spiegel steht, wenn ich ihm den passenden Hut aufsetze. Jeder kann Hüte tragen: Es gibt kein typisches „Hutgesicht". Es gibt nur den falschen Hut und manchmal muss man erst ein wenig länger suchen, bis man den richtigen gefunden hat. Wenn meine kleine Ladenglocke klingelt, erkenne ich sofort, welche Art von Hut demjenigen steht, der zur Tür hereinkommt. Ich glaube, viele Menschen haben Angst, dass sie lächerlich wirken oder man sie plötzlich wahrnimmt. Aber das Leben ist zu kurz, um sich selbst etwas aus Angst vor der Meinung anderer zu verbieten. Ein guter Hut ist einer, bei dem man schnell vergisst, dass man ihn trägt. Ein Hut sollte sich niemals wie ein Fremdkörper anfühlen; er sollte wie alle Kleidungsstücke perfekt passen, sonst fühlen wir uns unwohl und strahlen das auch aus.

Warum ich meine Arbeit jeden Tag aufs Neue liebe? Weil ich einfach so unendlich vielfältig arbeiten kann. Es geht mir nicht nur darum, einen schönen Kopfschmuck zu zaubern, sondern möglichst viele Techniken und Verfahren miteinander zu verbinden. Ich habe eine Passion für alte Kunsthandwerke entwickelt und muss mich oft selbst bremsen, damit ich mich nicht in der Recherche nach längst vergessenen Handwerken verliere. Jeder Auftrag stellt für mich eine neue Herausforderung dar und kein Kundenwunsch kann verrückt genug sein. Ich möchte in unserer schnelllebigen Zeit und Wegwerfgesellschaft etwas von Dauer schaffen, Menschen glücklich machen und das Image der Kopfbedeckungen aus der „Second-Hand-Ecke" zurück ins tägliche Straßenbild bringen. Für mich gibt es kein schöneres Kleidungsstück als den Hut. Und das Schönste ist, ein Hut passt immer, egal, ob man vielleicht ein wenig zu- oder abgenommen hat.

WAS ICH IN DIESEM BUCH VERMITTELN MÖCHTE

Was man durch dieses Buch nicht lernt, ist das Modistenhandwerk. Dies ist kein Lehrbuch, da es schlicht nicht möglich ist, die komplexen Handwerkstechniken und Abläufe in einem kleinen Buch zu erläutern. Die Werkzeuge und Materialien, die man dafür braucht, sprengen jedes Budget einer Hobbyschneiderei, zumal jeder Modist oder Hutmacher über die Jahre seine eigenen Techniken und Verfahren entwickelt hat, und die möchte er natürlich auch für sich behalten. Was ich vermitteln möchte, ist das, was man auch mit kleinem Geldbeutel, geringem Aufwand und natürlich Spaß verwirklichen kann. Jeder soll sich seinen Hut oder Kopfschmuck individuell zu seinem Lieblingskleid oder Anlass nähen können. Seien Sie kreativ, kombinieren Sie die einzelnen Techniken miteinander oder tauschen Sie aus. Sie müssen sich nicht an Farbe oder Form halten, ändern Sie die Vorgaben ab, so wie es Ihnen am besten gefällt. Die Projekte in diesem Buch entsprechen meinem eigenen Stil, machen Sie Ihren eigenen Stil daraus. Ich wünsche Ihnen viel Spaß dabei.

Claudia Köch

Grundlegendes & Wissenswertes

You're never fully dressed
without a hat.

ALS EIN HUT NOCH EIN HUT WAR

EINE HUTGESCHICHTE

Hüte werden seit Menschengedenken getragen und dienten damals wie auch heute sowohl als Schutz vor Umwelteinflüssen, als Schmuck oder auch als Standesabgrenzung. Sie werden zu bestimmten Anlässen, im Arbeitsschutz oder als Zeichen für eine Zunft oder einen Verein getragen.

Die Blütezeit der Hutmode in Deutschland reichte vom Anfang des letzten Jahrhunderts bis in die 1970er Jahre, wo es noch fast in jeder Kleinstadt Hutgeschäfte oder kleinere Hutfabriken gab. Junge Mädchen wurden in Sammelheften mit der Hutherstellung für die eigene Garderobe angeleitet und Hutmacher aus Paris und England überschlugen sich mit kreativen und witzigen Hutkreationen. Eine Dame ohne Hut galt in den 1950ern als nicht angezogen und ein gut kombinierbarer Hut gehörte zu jeder Garderobe. Bis Ende der 1960er Jahre hieß der Beruf noch Putzmacher, der sich aus den verschiedenen Berufen wie Hut- und Mützenmacher und dem der Hutgarniererin zum Putzmacher zusammensetzte. Heute verwendet man für all diese Berufe den allgemeingültigen Begriff Modist/in. Nach den 1970er Jahren waren Hüte in Deutschland nicht mehr so en vogue und nach und nach verschwanden die Hutgeschäfte. Der Beruf stand auf der Roten Liste der aussterbenden Handwerke. Auch wenn sich das Image des Hutes in Deutschland langsam wieder ändert und das vermeintlich Angestaubte verliert, so können wir doch noch längst nicht mit den Briten mithalten, bei denen die Hutkultur nach wie vor fest in der Gesellschaft verankert ist.

In der Kunst und in der Mode wird der Hut gerne für die Inszenierung des Geheimnisvollen benutzt. Er ist sozusagen das perfekte Stilmittel, um einem Bild, oder einer Figur das Besondere zu verleihen. Denken wir nur an Marlene Dietrich als Lola Lola in dem Film „Der blaue Engel" von Joseph von Sternberg. Der Zylinder als Stilmittel des verruchten Showgirls. Ein Hut, der damals hauptsächlich von Herren als Abendhut zum Frack getragen wurde. Den Hut umgibt an sich etwas sehr Geheimnisvolles, es ist jenes Kleidungsstück, über dessen Herstellung wir meist am wenigsten wissen. Wie in allen Zünften wurde die Herstellung streng geheim gehalten und die Handwerkstechniken nur in der Familie weitergegeben. Ein fremder Lehrling musste viele Jahre lernen, auf Wanderschaft gehen und wenn es möglich war, in die Familie einheiraten, bis er sich bewähren konnte und eingeweiht wurde. Im Gegensatz zu anderen Zünften konnte das Hutmacherhandwerk deshalb so geheim gehalten werden, weil es unglaublich viele Prozesse, Rezepte und Techniken für die Herstellung gibt und jeder Hutmacher über Jahre seine eigenen Verfahren entwickelt hat. Und das ist heute wie damals noch genau so.

„WAS IST DAS DA AUF IHREM KOPF?“

Man kann eine Kopfbedeckung grob in folgende Kategorien einordnen:

HUT
Ein Hut ist zumeist eine Kopfbedeckung mit einer Krempe und aus festeren Materialien, die den ganzen Kopf bedecken.

MÜTZE
Bei Mützen handelt es sich um weiche Kopfbedeckungen, die über keine Krempe verfügen. Es gibt Mützen mit einem Schirm oder auch ohne.

KAPPE
Der Begriff Kappe wird auch oft als Synonym für Mütze verwendet und ist meist eine festere Kopfbedeckung mit oder ohne einen Mützenschirm.

TOQUE
Die Toque ist eine Hutart mit meist festem Kopfteil ohne Krempe oder Schirm und auch als Bezeichnung für eine Kochmütze zu finden.

HAUBE
Eine Haube ist eine meist Kopf und Gesicht umschließende Kopfbedeckung, die unter dem Kinn geschlossen wird. In einigen Regionen wird sie auch als Bezeichnung für eng am Kopf anliegende, weiche Mützen oder Badekappen verwendet. Heute sind Hauben vor allem noch bei Trachten zu finden.

KAPUZE
Die Kapuze ist eine weiche, kopfumschließende Kopfbedeckung aus Stoff, entweder mit einem Kleidungsstück verbunden oder abnehmbar.

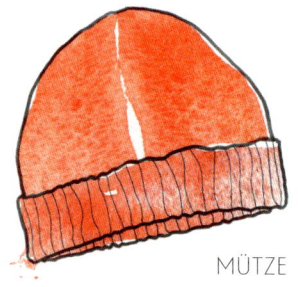

MÜTZE

KAPPE

HELM

Der Helm dient größtenteils als Schutz für den Kopf und ist aus sehr festen Materialien. Helme wurden ursprünglich nur im militärischen Bereich verwendet, heute nutzt man sie z. B. auch zum Schutz vor Sportverletzungen.

SCHILD

Ein Schild wird zumeist als Schutz vor Umwelteinflüssen wie der Sonne verwendet. Schilde bestehen aus einem Schirm bzw. Schild an einem Band.

KOPFTUCH

Dieses dreieckige Tuch wird um den Kopf gebunden. Dabei sitzt der Knoten unter dem Kinn oder im Nacken. Man kann das Kopftuch aber auch auf dem Kopf zu einem Turban binden.

STIRNBAND / HAARBAND

Das Stirnband sitzt auf der Stirn oder auf dem Haaransatz. Es dient entweder als Kälteschutz im Winter oder um den Schweiß beim Sport aufzufangen. Stirnbänder sind meist aus dickeren Stoffen. Das Haarband dient hingegen dem modischen Zweck oder auch, um die Haare aus dem Gesicht zu halten. Es wird hinter dem Ohr, auf dem oder über dem Haaransatz getragen.

KOPFPUTZ / KOPFSCHMUCK

Als Kopfputz oder Kopfschmuck bezeichnet man alle Kopfbedeckungen, die nicht klar der einen oder anderen Kategorie zuzuordnen sind. Wie der Name schon sagt, dienen sie nicht einem praktischen Zweck, sondern hauptsächlich dazu, den Kopf zu schmücken. Sie sind oft aufwendig gearbeitet, mit Strass oder Metallen, Perlen, Federn oder anderen schmückenden Elementen verziert.

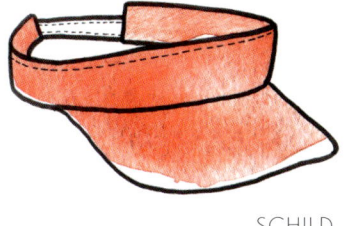

SCHILD

KOPFSCHMUCK

DIE WICHTIGSTEN HUTMODELLE

Die Geschichte der Kopfbedeckung ist lang und jede Epoche hatte ihre eigene Hutmode. Jedes Hutmodell hat seine ganz eigene Geschichte. Es gibt Hüte und Mützen, die nach zeitgeschichtlichen Größen, ihrem Entstehungsort oder auch nach Künstlern benannt wurden. Hier eine sehr kleine Auswahl der heute noch bekanntesten Hutmodelle.

ZYLINDER / CHAPEAU CLAQUE

Erste Formen des Zylinders entstanden bereits im 16. Jahrhundert. Populär wurde er ab ca. 1800. Zu diesem Zeitpunkt war er ein fester Bestandteil der männlichen Kleidung. Danach gab es unzählige Formen und Varianten dieses Hutes. Der Chapeau Claque oder auch Klappzylinder entstand 1835 in Paris. Wie sein Name schon verrät, lässt er sich, dank einer Mechanik im Kopfteil, flach zusammenfalten. Da der Hut unter Spannung steht, springt er in seine alte Form zurück, wenn man mit der Hand gegen die Krempe schlägt. Ein schwarzer Zylinder wurde zusammen mit einem Frack zu festlichen Anlässen getragen. Ab dem 19. Jahrhundert wurde er zunehmend von Schornsteinfegern, Zauberkünstlern und Kutschern getragen.

MELONE / BOWLER / DERBY

Der Bowler ist nach dem englischen Hutmacher William Bowler (um 1850) benannt. Seine amerikanische Version, der Derby, bekam seinen Namen vom 17. Earl of Derby, der bei Pferderennen stets eine Melone trug. Seine Merkmale sind seine runde Kopfform aus hartem Filz ohne Kopffalte. Er ist dem Homburg-Hut sehr ähnlich. In Südamerika gehört der Chola-Derby, eine Melone mit hohem Kopfteil, zur traditionellen Kleidung der Cholitas.

ZYLINDER

SCHIEBERMÜTZE / GATSBY CAP / BALLONMÜTZE / FLATCAP / NEWSBOY CAP

Es gibt unzählige Bezeichnungen für diese Mützenart. Ein paar Merkmale der klassischen Ballonmütze oder auch Newsboy Cap sind, dass sie aus vier, sechs oder acht dreieckigen Teilen genäht ist, einen Knopf in der Mitte der Mützenoberseite und einen Schirm hat. Es gibt viele Varianten, etwa die Gatsby Cap mit mehr Weite im Mützenteil. Die Schiebermütze oder auch Flatcap ist flacher und besteht aus drei Schnittteilen und einem Schirm. Ihren Ursprung haben diese Mützen in Europa und Nordamerika des späten 19. und des beginnenden 20. Jahrhunderts. Im Alltag wurden sie hauptsächlich von Männern der Arbeiterschicht getragen. Die damalige Oberschicht bevorzugte sie jedoch als legere Tagesmütze, beim Autofahren oder beim Golfsport. Auch heute ist sie bei Männern und Frauen immer noch sehr beliebt.

GLOCKENHUT / CLOCHE

Populär war der Glockenhut oder auch Cloche in den 1920er-Jahren, da er gut zu der Bubikopfmode passte. Merkmale des Glockenhuts sind ein hoher, runder Kopfteil und der heruntergebogene Rand.

BASKENMÜTZE

Unter einer Baskenmütze versteht man eine flache Mütze mit kleinem Stummel und einem nach innen gebogenen Rand. Traditionell ist die Baskenmütze schwarz oder blau und wird aus Filz oder Wolle hergestellt. Ihren Ursprung hat die Baskenmütze in Béarn, den Pyrenäen und im französischen Baskenland. Die Baskenmütze ist verwandt mit dem Barett. Sie ist fest mit der Identität Frankreichs verbunden und galt im Zweiten Weltkrieg als ein Symbol des Widerstands. Weltweit wird sie vor allem von Künstlern und Intellektuellen immer noch gerne getragen.

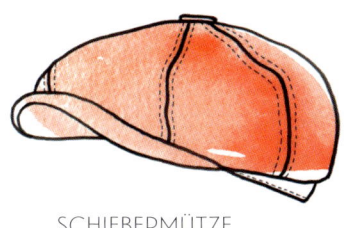

SCHIEBERMÜTZE

PILLBOX

Die Pillbox, übersetzt Pillendosenhut, ist ein kleiner, steifer Hut mit runder oder ovaler Form. Sie wird auf dem Hinterkopf oder schräg auf der Stirn getragen. In den 1960ern war sie beliebt und weitverbreitet, was vor allem ihrer bekanntesten Trägerin, der damaligen US-amerikanischen First Lady, Jackie Kennedy, zu verdanken ist.

COCKTAIL- / PUPPENHUT

Dabei handelt es sich um kleine, kunstvoll gestaltete Damenhüte, die in den 1930er bis 1960er-Jahren in Mode kamen. Es gibt sie in vielfätigen Formen und Varianten, fantasievoll verziert oder ganz schlicht. In den 1950ern wurden sie gern auf Cocktailpartys getragen, aber auch heutzutage sind sie sehr beliebt als Anlasshüte, z.B. bei Hochzeiten, Pferderennen, festlichen Anlässen oder einfach nur so im Alltag, weil sie so schön sind.

TIROLERHUT

Es gibt verschiedene Formen des Tirolerhuts. Die wohl bekanntesten Merkmale sind eine spitz zulaufende Kappenform aus grünem Filz, verziert mit einer bunten Kordel, Federn oder Blumen, und einer handbreiten Krempe, die hinten nach oben gebogen ist. Traditionell wird er im Zillertal getragen. Auch der Komiker Leonard „Chico" Marx, der mit dem Trio The Marx Brothers berühmt wurde, trat häufig im Tirolerhut auf.

SCHLAPPHUT

Schlapphut ist eine allgemeinere Bezeichnung für einen Hut, der über eine große, weiche Krempe verfügt. Er wird heute vor allem gerne als Sonnenhut getragen. Seinen Ursprung hat der Schlapphut im Dreißigjährigen Krieg, als sich ein militärisch geprägter Kleidungsstil in Europa verbreitete. Der Schlapphut wird auch Kavaliershut genannt.

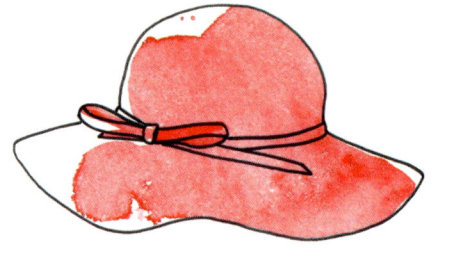

SCHLAPPHUT

COWBOYHUT

Diese Art Hut kennt man auch unter dem Markenbegriff Stetson. Benannt nach John B. Stetson, der den klassischen Cowboyhut 1865 zum ersten Mal herstellte. Bis heute produziert die Firma Stetson die Kopfbedeckung der nordamerikanischen Cowboys. Seinen Ursprung hat der Cowboyhut aber in der mexikanischen Kultur, von wo er durch die Besetzung der USA seinen Weg in den Norden fand. Die typischen Merkmale sind die Cattleman-Falte im Kopfteil, eine breite Krempe, die an den Seiten nach oben gebogen ist, und ein Hutband aus Leder oder Rips. Traditionell besteht er aus Biberhaar, wodurch er sehr steif, wärmend und trotzdem sehr leicht ist.

FEDORA / BOGART-HUT

Fedora ist eine Bezeichnung für weiche Filzhüte mit einer Knifffalte oder Rautenfalte im Kopfteil und einer mittelbreiten Krempe, die vorne leicht nach unten gebogen ist. Populär in der Herrenmode der 1930er- und 1940er-Jahre, waren unter ihren berühmten Trägern Al Capone, viele Mitglieder der Mafia in der Prohibitionszeit und natürlich der Schauspieler Humphrey Bogart, nach dem der Hut benannt ist. Heute ist Fedora ein Sammelbegriff für alle Hüte, die in dieser Art hergestellt sind, unabhängig vom Material oder Aussehen. Der klassische Fedora-Hut ist untrennbar mit dem Film-Noir verbunden.

TRILBY-HUT

Der Trilby ist dem Fedora sehr ähnlich, mit dem Unterschied, dass der Trilby eine schmale Krempe hat, die nur hinten nach oben gebogen ist. Es gibt ihn in unzähligen Varianten aus Filz, Stroh, Tweed oder Baumwolle. Sehr beliebt war der Trilby in den 1960er-Jahren, aber auch heute ist er ein fester Bestandteil der Mode.

FEDORA

Was gilt es zu beachten?

Never give up,
great things take time.

GRUNDLEGENDE HANDGRIFFE, TIPPS & TRICKS

Die Grundstiche des Handnähens sollten eigentlich jedem bekannt sein und mehr brauchen wir in diesem Buch auch nicht. Ein paar Tipps möchte ich vorweg aber noch geben.

DIE RICHTIGE FADENLÄNGE

„Langes Fädchen, faules Mädchen!" – ein Spruch, den sich jeder Schneider- oder Modisten-Lehrling anhören darf.

Der Faden sollte nie zu lang sein, da er sonst schnell Knötchen bildet und reißen kann. Auch wenn es bei einigen Projekten nervig ist, ständig einen neuen Faden zu verknoten, der Frust, den man mit einem verknoteten Faden hat, ist garantiert größer. Ich spreche da aus Erfahrung.

FADEN VERSTECHEN

Damit die Naht auch lange hält, ist ein guter Knoten am Ende natürlich sehr wichtig.

Am einfachsten verknotet man einen Faden so: Beim letzten Stich mit dem Faden eine kleine Schlaufe bilden. Entweder, indem man den letzten Stich nicht ganz festzieht oder indem man mit der Nadel noch einmal durch den Stoff sticht. Dann die Nadel mit der stumpfen Seite rückwärts durch die Schlaufe führen und festziehen. Bei Bedarf noch einmal wiederholen.

EIN SCHRÄGBAND HERSTELLEN

Natürlich ist es nicht unbedingt nötig, sich die Mühe zu machen, ein Schrägband selbst herzustellen. Es gibt sie in diversen Ausführungen fast überall im Handel zu kaufen. Da ich in diesem Buch aber Schrägbänder passend zu Hut und Haarreif verwende, erkläre ich es hier einmal ausführlicher. Jeder kann hier für sich entscheiden, welche Variante bevorzugt wird.

1. Um einen Schrägstreifen herzustellen, benötigt man einen gewebten Stoff, der sich, schräg zum Fadenlauf gezogen, dehnen lässt. Ich verwende gerne Baumwollstoffe oder Baumwollmischstoffe; diese lassen sich am einfachsten verarbeiten. Entweder misst man von der Web- und Schnittkante jeweils die gleiche Länge ab und verbindet diese Punkte miteinander oder man legt ein Geodreieck in dem rechten Winkel der Ecke an.

2. Für ein ca. 1 cm breites Schrägband muss man einen 4 cm breiten Schrägstreifen zuschneiden, also die vierfache Breite. Den zugeschnittenen Streifen einmal längs mittig zusammenfalten, bügeln und auseinanderklappen.

3. Nun die Außenkanten jeweils zur soeben gebügelten Mitte falten und bügeln. Es ist ratsam, ungefähr 2 mm Platz in der Mitte zu lassen, damit sich das Schrägband beim Zusammenfalten nicht verschiebt oder uneben wird. Beim Bügeln unbedingt auf die Finger achten, da man sich durch den Dampf schnell die Fingerspitzen verbrennt. Nun das Schrägband noch einmal längs mittig falten und erneut bügeln.

4. Sollte die Stofflänge nicht ausreichen, kann man das Band auch aus mehreren Streifen „stückeln". Dafür an den zu stückelnden Enden jeweils 1 cm als Nahtzugabe dazurechnen und die Streifen rechts auf rechts aufeinanderlegen. Nun exakt parallel zu den Stoffkanten absteppen.

5. Die Nahtzugaben auseinanderbügeln und die überstehenden Ecken abschneiden. Fertig.

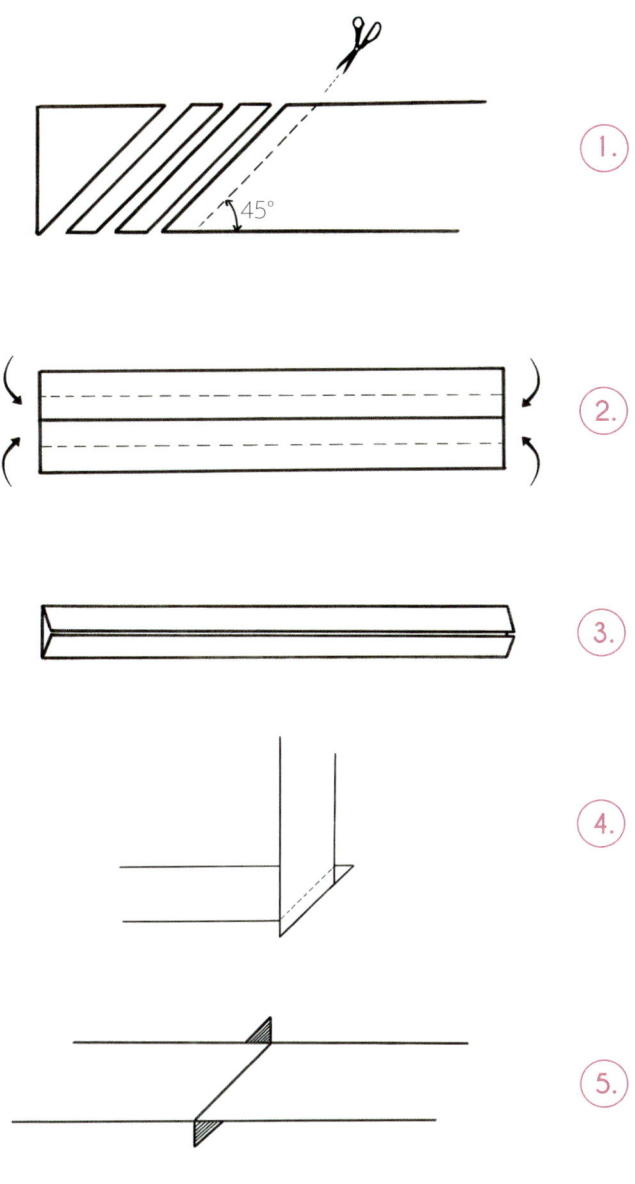

1.

2.

3.

4.

5.

Tipp

Im Handel kann man praktische Schrägbandformer (z.B. Prym, Clover) in verschiedenen Breiten kaufen. Diese sind in jedem Fall empfehlenswert, wenn man häufiger Schrägbänder herstellen möchte.

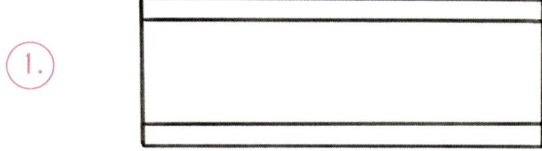

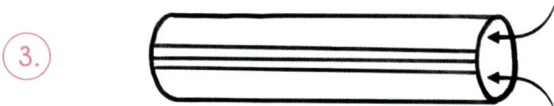

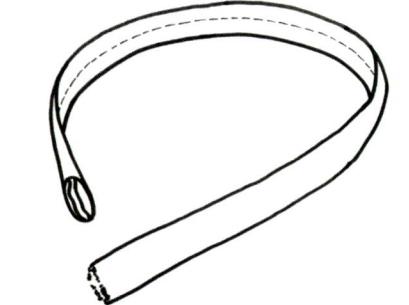

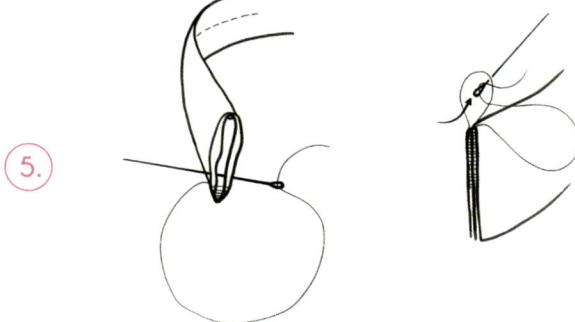

EINEN HAARREIF SELBST BEZIEHEN

In diesem Buch verwende ich Haarreife, die ich passend zum Kopfschmuck bezogen habe. Man kann natürlich auch einen gekauften Satinhaarreif einfach so verwenden, wie er ist. Ich benutze am liebsten einen festen Stretch-Satin oder einen elastischen Baumwollstoff zum Beziehen der Haarreif.

1. Zuerst misst man die Breite des Haarreifs, inklusive der Seite oder Rundung, verdoppelt diesen Wert und rechnet an allen vier Seiten 1 cm Nahtzugabe hinzu. Den Streifen so auf dem Stoff anzeichnen, dass er in der Breite elastisch ist. Zuschneiden.

2. Der Stoffstreifen wird nun rechts auf rechts zu einem Schlauch gefaltet, geheftet und gesteppt.

3. Die Nahtzugabe auf ca. 5–7 mm zurückschneiden und auseinanderbügeln.

4. Den Schlauch wenden, erneut bügeln und den Haarreif in den Schlauch einziehen.

5. Die Enden mithilfe einer Pinzette nach innen stülpen und mit kleinen Stichen von Hand zusammennähen.

Tipp

Je schmaler der Schlauch bzw. der Haarreif ist, umso komplizierter ist es, den Schlauch zu wenden. Hier gibt es ein paar Tricks. Am besten nimmt man eine Sicherheitsnadel, sticht mit der Spitze durch eine Seite des Schlauchs und schiebt sie vorsichtig durch den Schlauch. Im Fachhandel sind aber auch praktische Durchziehhilfen erhältlich.

„AUS ALT MACH NEU"

Normalerweise werden kleine Kappen mithilfe von Steifleinen und Hutform von Hand gezogen. Da dies aber in der Anschaffung zu teuer, zu aufwendig und zu kompliziert ist, habe ich mir für die Kappen meiner Cocktailhüte in diesem Buch etwas anderes ausgedacht.

Dies ist auf jeden Fall die einfachste und günstigste Methode, um zu einer Basiskappe zu kommen. Und zwar habe ich einfach einen bereits vorhandenen Hut zu einem neuen umgearbeitet.

Aus „Omas alten Schätzchen" oder dem letzten Flohmarktkauf wird eine Basis für einen Cocktailhut. Es wird auf jeden Fall ein möglichst steifer Hut mit einer runden Kopfform benötigt. Falls die Farbe nicht gefällt, kann man die Basis einfach mit einem elastischen Stoff neu beziehen.

Dafür auf einem Stück Pappe mit einem Zirkel eine Kreisschablone in der gewünschten Größe, oder mit Schneiderkreide (siehe Baskenmütze „Madame Bonbon Fulminante", S. 100) eine freie Form direkt auf den Hut zeichnen. Dies ist leichter, wenn die Krempe und der Hutschmuck vor dem Zuschneiden entfernt werden. Aus den übrig gebliebenen Teilen können später noch Blumen, Bänder oder Schleifen entstehen.

Tipp

Wer keinen passenden Hut hat oder findet, kann auch fertige Basiskappen verwenden. Sie werden meist aus Sinamay oder Wollfilz hergestellt und sind über das Internet zu erstehen.

STOFF VOR DEM NÄHEN WASCHEN – JA ODER NEIN?

Grundsätzlich sollte man alle Stoffe vor dem Nähen waschen, da jeder Stoff im Allgemeinen beim Waschen etwas eingeht. Ich empfehle das für die Stoffe, die direkten Kontakt mit dem Kopf haben oder noch einmal gewaschen werden. Hier gilt dies für die Kinderkappe oder die Futterstoffe. Ansonsten ist es nicht nötig, da man generell den Kontakt von Hüten und Kopfschmuck mit Wasser vermeiden sollte. Es gibt Stoffe, die mit einer besonderen Appretur versehen und dadurch z. B. sehr steif sind oder einen besonderen Glanz haben und sich deshalb perfekt für gewisse Hutprojekte (Schleife) eignen. Diese Stoffe würden aber beim Waschen diese Eigenschaften verlieren. Also ist es am besten, von Projekt zu Projekt zu entscheiden, ob man den Stoff vorher waschen möchte oder nicht.

WIE TRÄGT MAN EINEN HUT?

Man kann Hüte auf ganz unterschiedliche Arten tragen, das hängt ganz von der Art des Hutes und dem persönlichen Geschmack ab. Cocktail- und Anlasshüte („Mademoiselle Poulain"), die mit einem Hutgummi gehalten werden, trägt man, anders als Partyhütchen, nicht mit dem Gummi unter dem Kinn, sondern hinter den Ohren im Nacken, also unter dem Hinterkopf gehalten. Das Hutgummi wird dabei unter den Haaren versteckt und sollte am besten nicht mehr sichtbar sein. Der Hut wird entweder schräg oder etwas mittig auf der Stirn getragen. Wenn der Hut nicht die Seite vorgibt (Motive, Schleifen etc.), sollte das Modell auf dem Seitenscheitel sitzen, sofern man einen hat, da Scheitel und Hut sonst in Konkurrenz stehen. Schiebermützen, Filzhüte etc. kann man leicht in den Nacken gezogen oder etwas schräg aufsetzen, um lässiger auszusehen. In die Stirn gezogene Hüte haben eine strengere oder geheimnisvolle Wirkung. Man denke dabei nur an die Charaktere der Film-Noir-Klassiker und die Detektive und harten Kerle mit ihren ins Gesicht gezogenen Fedora-Hüten.

MATERIAL- UND STOFFKUNDE

Hier eine kleine Auswahl jener Textilien und Materialien, die in diesem Buch verwendet werden.

WOLLFILZ

Wollfilz wird neben Haarfilz am häufigsten für die Herstellung von Hüten verwendet. Er wird nicht gewebt. Hierfür werden Wolle oder Tierhaare durch den Einsatz von Wärme und Feuchtigkeit gewalkt. Dadurch verfilzen die Haare miteinander und bilden eine feste und weitgehend unsichtbare Verbindung.

In den meisten Bastelläden gibt es verschiedene Sorten in unterschiedlichen Stärken, Qualitäten und Preisklassen. Ich empfehle immer, einen hochwertigen Wollfilz zu benutzen, der sich gut nähen lässt.

EINLAGESTOFFE

Es handelt sich um spezielle Gewebe, die einem Stoff Form geben oder ihn füllen. Bei der Hutherstellung werden sie z. B. als Grundform für Kappen oder zur Verstärkung von Mützenschildern verwendet. Es gibt unzählige Einlagen für die unterschiedlichsten Materialien und kreativen Techniken. Im Internet findet man viele ausführliche Anleitungen, was man mit diesen tollen Helfern alles zaubern kann. Ich verwende in diesem Buch Vlieseline S 320 und Vlieseline Decovil 1.

BAUMWOLLSTOFF

Baumwolle ist eine robuste Naturfaser, die aus den Samenkapseln der Baumwollpflanze gewonnen wird. Bereits vor 7000 Jahren wurde Kleidung aus Baumwolle hergestellt und bis heute ist sie der Liebling der Textilbranche. Spezielle Mischgewebe aus Baumwolle mit Lycra oder Baumwolle mit Tencel sorgen für höchste Bequemlichkeit und Tragekomfort. Durch Kombinationen aus festen und elastischen Garnen entstehen vielseitige Stoffe, die auch leicht zu pflegen sind. Sie bekommen bedruckte Baumwollstoffe mit jedem erdenklichen Muster, sodass für jeden Geschmack etwas zu finden ist.

FUTTERSTOFF

Das Futter dient vor allem dazu, dass sich ein Kleidungsstück angenehm auf der Haut anfühlt und sie schützt. Oft wird der Futterstoff auch als modischer Akzent eingesetzt, etwa, indem man Futterstoff in einer Kontrastfarbe verwendet. Bei der Hutherstellung gibt es weitere Gründe für ein Hutfutter. Das Futter schützt den Hut vor Schweiß, gibt einer Mütze mehr Form oder hat eine wärmende Funktion. Meist bestehen Futterstoffe aus glatten, glänzenden Materialien wie Viskose, Polyester oder Baumwolle. Ich verwende als Hutfutter gerne dünne Baumwollstoffe, da sie sich besser nähen lassen und angenehm beim Tragen sind.

SCHLEIER ODER TÜLL

Es handelt sich um ein meist wabenförmiges Gewebe, das auf Bobinetmaschinen hergestellt wird. Dieses kann aus Seide, Kunstfasern oder Baumwolle bestehen. Die Bezeichnung stammt von der französischen Stadt Tulle, wo das Gewebe zum ersten Mal hergestellt wurde. Man findet im Handel zahlreiche Arten und Qualitäten und kann diese in Grob- und Feintüll und glatten und gemusterten Tüll unterscheiden. Tüllstoffe können bestickt, mit Strass verziert, mit Chenille oder Pailletten benäht sein. Ich verwende für meine Arbeit am liebsten Feintülle (Projekt „Jolie Mariée" und „Madame les Fleurs"). Da Tüll auch die hervorragende Eigenschaft besitzt, nicht auszufransen, kann man ihn unversäubert lassen. Durch seine zarte Struktur wird er gerne für Brautschmuck, Brautschleier oder für den Putz als Rüschen, Schleifen oder zu Blumen verarbeitet verwendet.

MODESCHLEIER

Auch Hutschleier oder Birdcage Veil, also Vogelkäfigschleier genannt, ist wie der Tüllstoff wabenförmig, jedoch steifer und mit größeren Gittern. Besonders hübsch ist er mit Strass oder Halbperlen besetzt, sehr klassisch ist er mit kleinen Chenille-Tupfen. Man kann ihn als Gesichtsschleier, für den Hutputz oder für Schleifen verwenden. In den 1950er-Jahren wurde dieser Schleier sehr populär und man findet ihn auch oft als „Sichtschutz" bei Trauerhüten.

HUTGUMMI

Bei Hutgummi handelt es sich um eine Gummikordel mit Textilüberzug. Hutgummi gibt es in unterschiedlichen Farben und Stärken. Wie der Name schon verrät, braucht man ihn, um den Hut am Kopf zu halten. Ein gutes Gum-

mi sollte nicht zu dünn und nicht zu elastisch sein, da es sonst zu schnell ausleiert. Die Länge des Hutgummis hängt von der Größe der Basiskappe, der Elastizität und vom eigenen Tragekomfort ab, weshalb ich hier keinen genauen Wert in Zentimetern angegeben habe. Einen wichtigem Erfahrungswert möchte ich aber weitergeben: Man verschätzt sich sehr leicht in der Länge des Gummis und schneidet es zu kurz ab. Ein zu straffes Hutgummi bereitet leider nur wenig Freude. Deswegen ist es besser, ein paar Zentimeter Spiel zuzugeben.

HAARREIFE

Haarreife sind die perfekte Basis für viele schöne Kopfschmuckarbeiten. Sie sind meist aus Plastik und mit Stoff bezogen. Es ist nicht nötig, bereits bezogene Haarreife zu kaufen, denn das Beziehen mit Stoff lässt sich leicht selbst bewerkstelligen (siehe S. 22) und bietet den Vorteil einer individuellen Gestaltung des Haarreifs.

SATINBÄNDER

Satinbänder sind Webbänder aus Polyester oder Mischgeweben. Am besten geeignet für Näharbeiten sind Doppelsatinbänder oder auch Double-Face-Bänder. Dies bedeutet, dass die Bänder auf beiden Seiten glänzen und eine Webkante haben. Damit das Satinband nach dem Schneiden nicht ausfranst, verschweißt man die Schnittkante mit einem Feuerzeug. Dafür schnell (!) mit der Flamme an der Schnittkante entlangfahren, sodass der Polyester etwas schmilzt.

SCHRÄGBÄNDER

Diese sind zumeist aus Satin/Polyester oder Baumwolle. Schrägbänder dienen dazu, Kanten einzufassen, oder werden als Belege genutzt. Wer besonders hochwertige Schrägbänder oder spezielle Farben möchte, muss oft etwas länger suchen. Deswegen stelle ich meine Schrägbänder selbst her und erkläre, wie einfach das geht.

PERLEN

Es gibt sie in unzähligen Formen, Farben und Qualitäten. Die gängigsten Perlenarten, die man im Handel bekommt, sind Glas-, Wachs- und Kristallperlen. Glasperlen, z. B. Rocailles oder Indianerperlen, sind klein und rund, und je nachdem wie gut sie verarbeitet sind, auch gleichmäßig groß. Stiftperlen sind Röhren und haben oft einen metallischen Glanz. Die besten Glasperlen werden in Japan hergestellt. Sie haben größere Löcher und sind exakt gleich groß, was besonders schön bei aufwendigen Perlenstickereien wirkt. Welche Perlen man benutzt, ist am Ende eine Preisfrage. Wachsperlen sind heute meist aus Plastik und mit Farbe überzogen. Je nach Qualität sind sie echten Perlen optisch sehr ähnlich. Kristallperlen haben kleine geschliffene Facetten, die wunderbar das Licht brechen. Die besten Kristallglasperlen kommen aus Tschechien. Ich persönlich kann gar nicht genug von Perlen bekommen und liebe es, mit ihnen zu arbeiten. Perlensticken ist für mich wie Meditation.

STRASSSTEINE

Strasssteine gibt es als Acryl- oder Glasstrass und mit oder ohne Kleber auf der Unterseite. Sogenannte Hotfix-Steine sind auf der Unterseite mit einer Kleberschicht überzogen, die unter dem Einfluss von Hitze schmilzt und sich mit dem Stoff verbindet. Steine ohne Kleber werden mithilfe von Pinzette und Schmucksteinkleber aufgeklebt. Ich persönlich bevorzuge aber Textilkleber für das Aufbringen von Strasssteinchen, da sie damit besser auf dem Stoff haften. Strass gibt es wie Perlen in vielen unterschiedlichen Qualitäten. Manche Steine sind bedampft, sodass sie wie ein Regenbogen schillern, wenn sich das Licht bricht. Je besser ein Strassstein geschliffen ist, umso mehr glitzert er und ist kaum von einem echten Edelstein zu unterscheiden. Tschechien ist bekannt für seine hochwertigen Kristallstrasssteine. Welche man verwendet, ist auch hier eine Preisfrage und hängt vom Projekt ab.

SEIDENMALFARBE

Man kennt Seidenmalfarbe hauptsächlich von der Seidenmalerei oder von Batiktechniken. Ich benutze sie gerne für das Färben anderer Textilien, da sich mit ihr wunderbare Aquarelleffekte erzeugen lassen. Außerdem lässt sie sich gut mit Wasser verdünnen (Projekt „Madame les Fleurs").

NÜTZLICHE HELFER, WERKZEUGE

Auf den folgenden Seiten habe ich eine kleine Liste mit Dingen zusammengestellt, die für das Nähen von Hüten gebraucht werden und die ich für dieses Buch verwendet habe. Das meiste davon findet sich in einer gut ausgestatteten Hobbynähwerkstatt, und wenn nicht, dürfen diese Dinge in Zukunft nicht fehlen.

FINGERHUT

Der Fingerhut ist einer der wichtigsten „Helfer" für das Nähen durch feste Stoffe mit der Hand. Das Tragen und Benutzen ist reine Gewöhnungssache. Wer sich einmal daran gewöhnt hat, die Nadel mit dem Fingerhut durch den Stoff zu schieben, kann nicht mehr ohne. Ich vergesse sogar oft, meinen Fingerhut wieder abzunehmen, und trage ihn wie ein Schmuckstück.

NÄHNADELN / MODISTENNADELN / PERLENNADELN

Modistennadeln sind dünne, lange Nadeln, die für das Handnähen von sehr feinen und empfindlichen Stoffen unabdingbar sind. Diese Nadeln haben jedoch den Nachteil, dass sie sehr leicht verbiegen. Der Modistennadel-Verschleiß ist in einer Hutwerkstatt dementsprechend hoch. Perlennadeln sind noch dünner und länger als Modistennadeln und haben ein sehr langes Öhr, um auch durch sehr kleine Perlenlöcher zu stechen.

NÄHMASCHINENNADELN

Für die Hüte in diesem Buch habe ich Universalnadeln in der Stärke 70/10, 80/12 benutzt, für derbe Stoffe eine Jeansnadel 90/14, für Stretchstoffe eine Stretchnadel 75/11 und Technostoffe eine Microtexnadel 79/10. Wer sich bei der Nadelwahl nicht ganz sicher ist, findet bei der Firma Schmetz ein Nadel-ABC für Haushaltnähmaschinen, das auf die meisten Fragen Antworten gibt.

DÜNNE STAHLSTECKNADELN

Dünne Stahlstecknadeln sind besonders wichtig. Je dünner die Stecknadeln, umso besser. Es lohnt sich nicht, die billigsten zu kaufen, da diese rosten, Fäden im Stoff ziehen oder sich verbiegen können und damit gerade für sehr feine oder sehr feste Stoffe ungeeignet sind. Das sorgt nur für Frust, investieren Sie also in Qualität. Ich benutze Stahlstecknadeln in zwei verschiedenen Stärken je nach Material und Stoff.

STOFFKLAMMERN

Wer einmal mit diesen vielseitigen Helfern gearbeitet hat, will nicht mehr auf sie verzichten. Sie fixieren dicke Stoffe oder Schrägbänder beim Einfassen von Kanten und verhindern, dass sich mehrere Stofflagen beim Heften verschieben, so wie das bei Stecknadeln oft der Fall ist. Alternativ kann man auch kleine Architektenklammern bzw. Maulklemmen benutzen.

HAUSHALTSNÄHMASCHINE

Eine gewöhnliche Haushaltsnähmaschine reicht für die Arbeiten in diesem Buch vollkommen aus. Marke und Preis spielen keine Rolle. Das Wichtigste beim Nähen der Hutmodelle in diesem Buch sind die richtige Nähnadel, ein hochwertiges Garn und die Fadenspannung für saubere Nähte.

TEXTILKLEBER

Textilkleber verwende ich hin und wieder bei Materialien, die sich schlecht von Hand nähen lassen. Es gibt unzählige Textilkleber im Handel. Manche sind sehr flüssig, andere eher zähflüssig. Ich persönlich benutze gerne einen von dickerer Konsistenz, der sich besser auftragen lässt und elastisch bleibt. Da manche Textilkleber stark lösungsmittelhaltig sind, sollte man beim Arbeiten nicht zu tief einatmen, gut lüften, Arbeitskleidung tragen und auf die Herstellerhinweise achten.

NAHTTRENNER

Die wohl beste Waffe, um verpatzte Nähte aufzutrennen oder Knopflöcher aufzuschneiden! Deshalb sollte ein Nahttrenner auch immer scharf sein, sonst ärgert man sich gleich zweimal.

GARN

Hat das Garn minderwertige Qualität, reißt es beim Nähen sehr schnell und bildet oft Knötchen. Ich verwende beim Nähen mit der Maschine oder Hand ein Allzweckgarn aus Polyester. Ein gutes Garn darf nicht zu dick oder zu dünn sein, soll nicht fusseln und darf beim Ziehen nicht schnell reißen.

NADELKISSEN

Obwohl praktisch, brauchen Sie nicht zwingend ein Nadelkissen mit Armspange für dieses Buch. Jedes ausreichend große Nadelkissen tut seinen Dienst ebenso gut.

HAUSHALTSNÄHMASCHINE

NÄHMASCHINENNADELN

GARN

DÜNNE STAHLSTECKNADELN

FINGERHUT

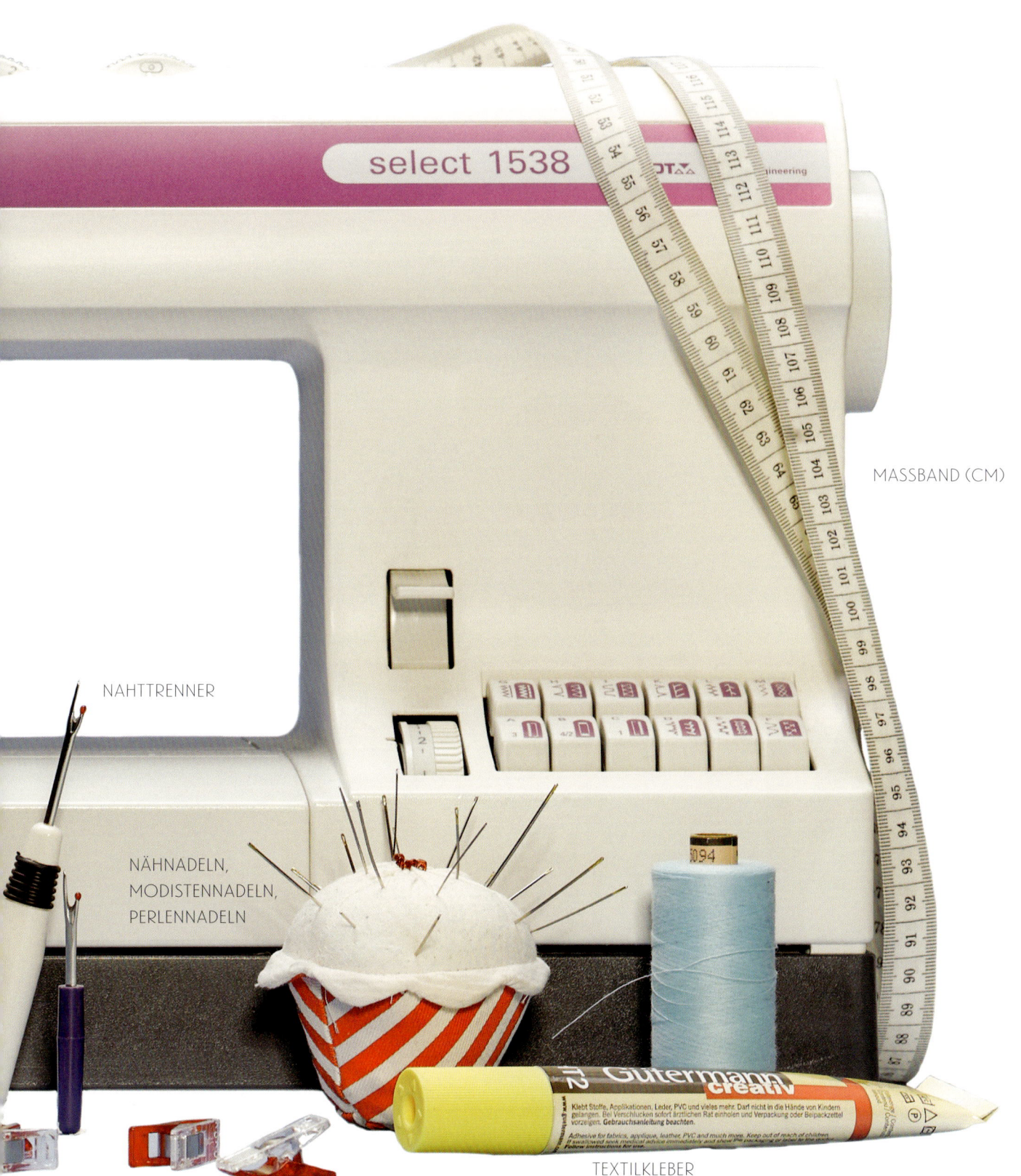

MASSBAND (CM)

NAHTTRENNER

NÄHNADELN,
MODISTENNADELN,
PERLENNADELN

TEXTILKLEBER

STOFFKLAMMERN

STYROPORKOPF

Einen Styroporkopf benötigt man als Arbeitskopf, der sozusagen das eigene Ich ersetzt und spiegelt. Perfekt, wenn man Modeschleier drapieren, Stoffblumen anordnen oder einfach sein Werkstück in den Arbeitspausen lagern möchte. Achtung! Beim Anordnen von Putzarbeiten auf einem Arbeitskopf ist alles spiegelverkehrt!

BÜGELEISEN, BÜGELBRETT

Bügeleisen, Bügelbrett und evtl. Ärmelbügelbrett sind nötig, um die vielen Kanten und feinen Nähte auszubügeln. Am besten ein Dampfbügeleisen verwenden. Ein Ärmelbügelbrett ist sehr praktisch, um Schrägbänder und andere kleine Details zu bügeln. Ich benutze mein Ärmelbügelbrett nahezu täglich für meine Arbeit.

GROSSE SCHNEIDERSCHERE

Eine Stoffschere ist ein unverzichtbares Werkzeug für alle Schneider- und Textilarbeiten. Gerade für das Zuschneiden von dünnen und feinen Stoffen ist eine scharfe, schwere Schere sehr wichtig. Drei goldene Regeln gibt es beim Umgang zu beachten: 1. Beim Zuschneiden von Stoff bleibt die Schere immer in Kontakt mit dem Tisch! 2. Niemals Papier mit einer Schneiderschere schneiden! 3. Niemals fallen lassen!

KLEINE SPITZE SCHERE

Man braucht eine kleine spitze Schere für das Abschneiden von Fadenenden und an allen schwer zugänglichen Stellen, wie z.B. Stickereien oder Perlenapplikationen. Am besten eignet sich eine Stickschere oder auch Silhouettenschere.

LANGE PINZETTE

Eine Pinzette mit einer dünnen Spitze ist perfekt, um Strasssteine, Perlen oder andere kleine Schmuckelemente zu justieren oder einfach für Stellen, an die man mit den Fingern nicht herankommt. Es gibt spezielle Pinzetten in Hobbybedarfsläden.

KLEINE ZANGE

Eine kleine Zange ist hilfreich beim Nähen durch sehr feste Stoffe oder für „Fummelarbeiten", bei denen man schlecht mit den Fingern an die Nadel herankommt.

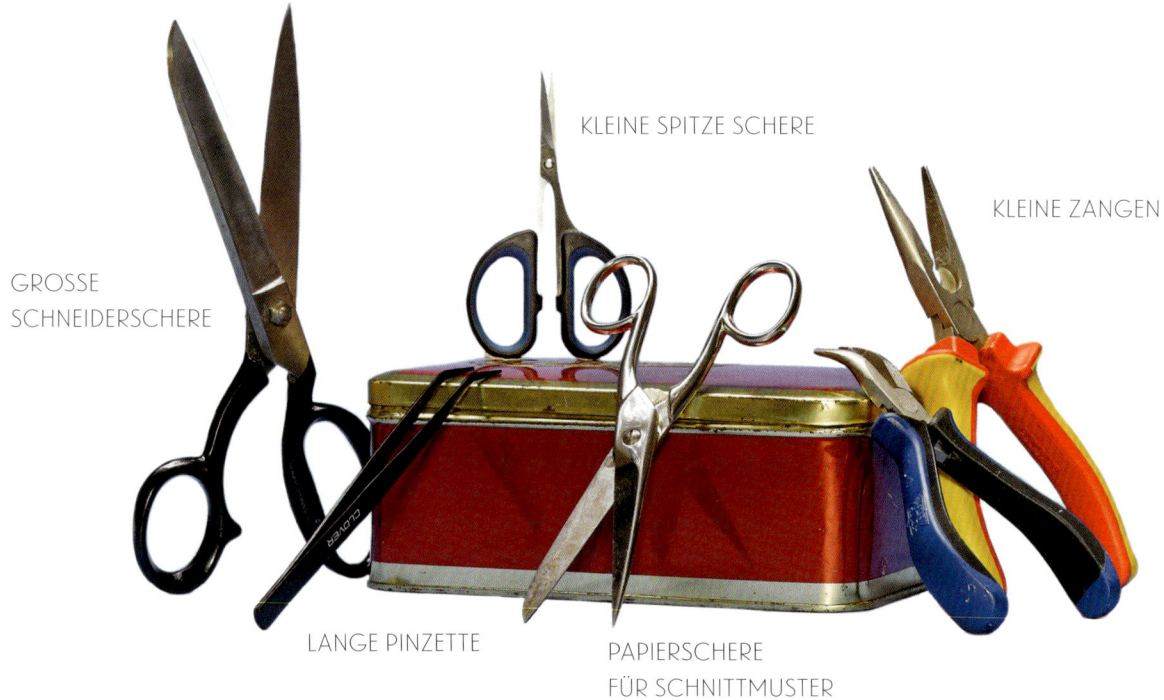

KLEINE SPITZE SCHERE

KLEINE ZANGEN

GROSSE SCHNEIDERSCHERE

LANGE PINZETTE

PAPIERSCHERE FÜR SCHNITTMUSTER

SCHNEIDERKREIDE

Schneiderkreide wird zum Aufzeichnen der Schnittmuster auf Stoff verwendet. Vor allem für dunkle Stoffe, Wollstoffe und Filz oder strukturierte Stoffe ist Kreide zum Anzeichnen geeigneter als ein Trickmarker.

AQUA- UND TRICKMARKER

Dabei handelt es sich um zwei Markierwerkzeuge, die in jeder Werkstatt vorrätig sein sollten. Perfekt zum Anzeichnen auf leichten, dünnen und hellen Stoffen. Sie überzeugen vor allem damit, dass sie sich schnell wieder entfernen lassen oder von selbst verschwinden. Vor Gebrauch unbedingt erst den Herstellerhinweis lesen!

GEWICHTE

Spezielle Stoffgewichte oder schwere Gläser benutzt man, um Schnittmuster auf dem Stoff zu fixieren. Das erleichtert das Anzeichnen und man muss nicht extra das Papier mit Stecknadeln auf den Stoff heften.

ZIRKEL

Mithilfe des Zirkels werden Kreisschablonen angefertigt.

LANGES LINEAL, MASSBAND (CM), GEODREIECK UND HANDMASS

Lineal, Geodreieck und Handmaß sind unverzichtbare Helfer für das Anzeichnen von Nahtzugaben und Schrägstreifen. Für das Messen des Umfangs brauchen Sie auf jeden Fall ein Maßband. Aus diesem Grund sollten Handmaß und Lineale immer in Griffnähe sein und das Maßband einfach um den Hals getragen werden.

PINSEL MIT FEINEN BORSTEN

Pinsel in mittlerer Stärke braucht man für das Auftragen von Stoffmalfarben.

SCHNITTMUSTER-, TRANSPARENT- ODER BUTTERBROTPAPIER

Spezielles Schnittmusterpapier, Transparent- oder Butterbrotpapier wird für das Übertragen der Schnittmuster auf den Stoff benötigt.

DICKE PAPPE

Dicke Pappe wird für das Anfertigen von Schablonen und Ähnlichem benötigt.

LANGES LINEAL

ZIRKEL

GEODREIECK

HANDMASS

AQUA- UND TRICKMARKER

KURVENLINEAL

BLEISTIFT

SCHNEIDERKREIDE

SCHNITTMUSTER VERSTEHEN

Grundsätzlich sollten alle Beschriftungen, Zahlen und Markierungen der Schnittmuster auf den Papierschnitt und den Stoff übertragen werden. Die Schnittteile werden mit Seidenpapier vom Schnittmuster abgepaust und mit der beschrifteten Seite nach oben auf den Stoff gelegt. Die Nahtzugaben und Saumzugaben sind im Schnitt nicht eingerechnet und müssen nach dem Anzeichnen noch hinzugefügt werden. Ich empfehle für Nähte 1 cm und für die Saumkanten 1,5 cm Nahtzugabe. Die Einlage wird ohne Nahtzugaben angezeichnet und zugeschnitten.

Zur einfacheren Erklärung ist das Futter in der Anleitung lila und die Einlage blau markiert. Durchgezogene Linien zeigen die Markierungslinien der Nähte und gestrichelte Linien die gesteppten Nähte an. Die Schere zeigt, wo Einschnitte erfolgen oder Nahtzugaben zurückgeschnitten werden müssen.

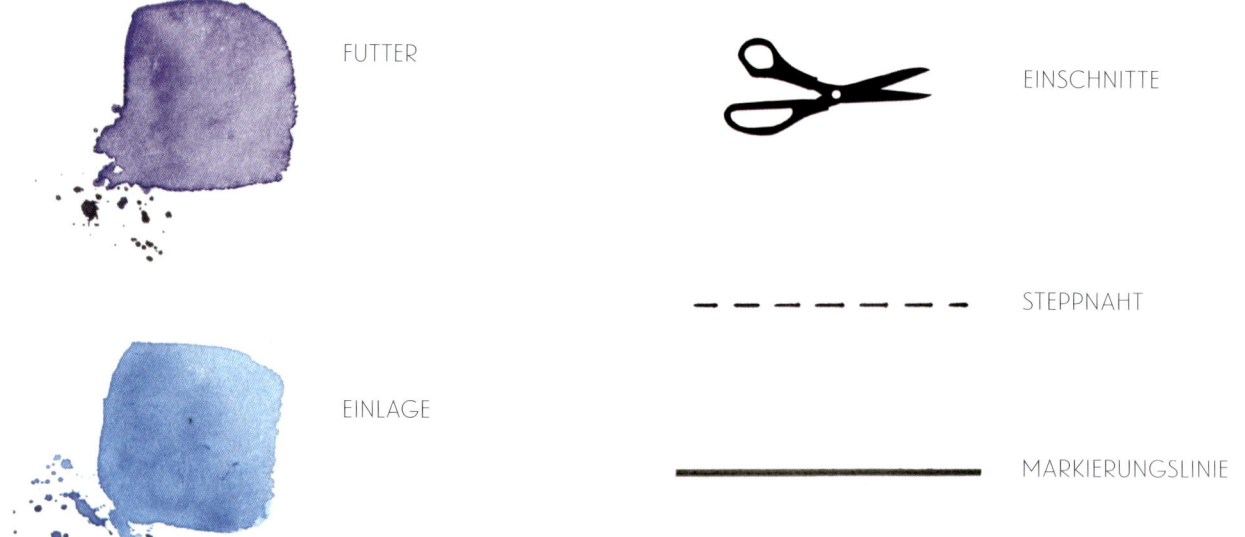

FUTTER

EINLAGE

EINSCHNITTE

STEPPNAHT

MARKIERUNGSLINIE

LEGENDE LESEN

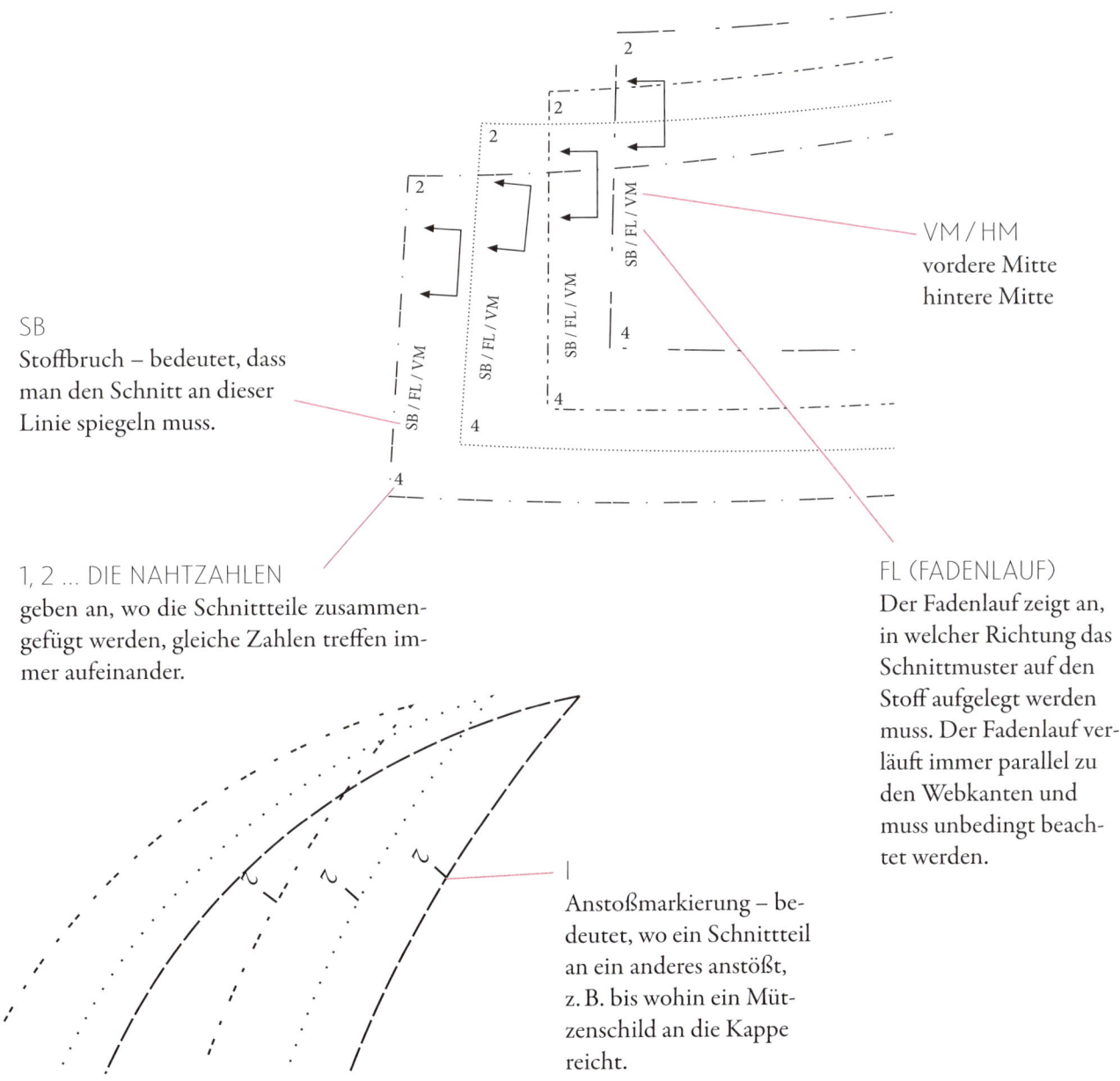

SB
Stoffbruch – bedeutet, dass man den Schnitt an dieser Linie spiegeln muss.

VM / HM
vordere Mitte
hintere Mitte

1, 2 ... DIE NAHTZAHLEN
geben an, wo die Schnittteile zusammengefügt werden, gleiche Zahlen treffen immer aufeinander.

FL (FADENLAUF)
Der Fadenlauf zeigt an, in welcher Richtung das Schnittmuster auf den Stoff aufgelegt werden muss. Der Fadenlauf verläuft immer parallel zu den Webkanten und muss unbedingt beachtet werden.

Anstoßmarkierung – bedeutet, wo ein Schnittteil an ein anderes anstößt, z. B. bis wohin ein Mützenschild an die Kappe reicht.

Einfache Projekte

The expert in anything was once a beginner.
Helen Hayes

„MADAME RUBAN"

Dieser bezaubernde Kopfschmuck lässt sich auch ganz
wunderbar aus Tüllstoffen herstellen und mit Perlen oder
Strasssteinen verzieren. Dafür kann man auch das Einfassband
einfach weglassen, damit es leicht und zart wirkt.

Das wird gebraucht:

Stoff mit festem Stand, z.B.
Techno-Stoff, Baumwollstoff,
Ripsstoff

Schrägband, ca. 92 cm lang

Nähgarn, passend zu Stoff und
Schrägband

Modistennadel

Haarreif

evtl. eine kleine Zange

Schnittteil:

A Schleife 2× Oberstoff

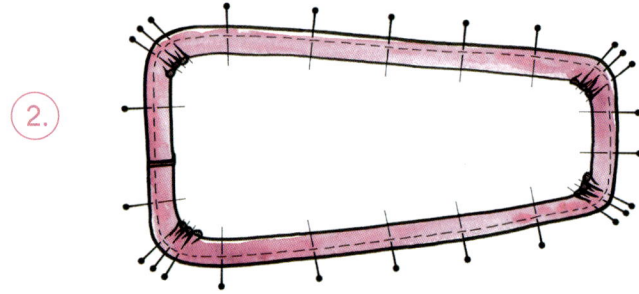

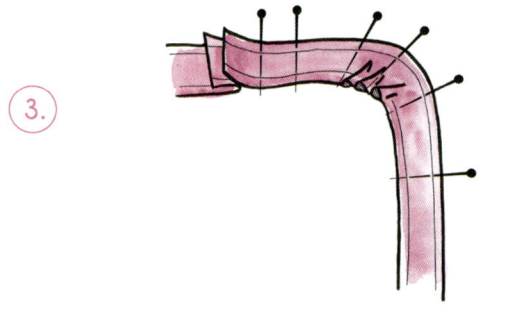

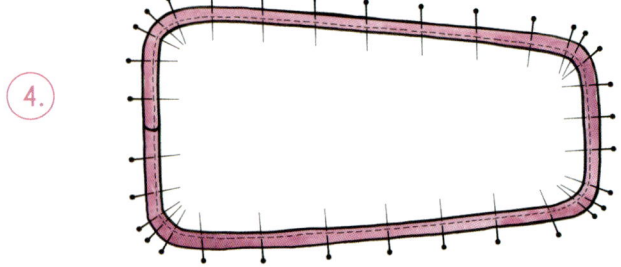

Schritt für Schritt

1. Zuerst den Schnitt ohne Nahtzugabe zusammen mit den Markierungen von der Vorlage übertragen. Die Markierungen zeigen an, wo die Schleife gefaltet wird. Den Stoff zuschneiden, beide Teile links auf links mit Stecknadeln aufeinanderheften und knapp ca. 4 mm breit absteppen. Mit einem Maßband den Umfang der Kante messen. Den Wert auf ein Schrägband übertragen und an beiden Enden je 1 cm Nahtzugabe dazurechnen. Das Band auffalten und ein Ende ca. 1 cm breit umschlagen und bügeln. Wenn das Schrägband nach dem Fixieren etwas länger ist als gemessen, liegt es daran, dass der Schrägstreifen aus einem elastischen Stoff hergestellt wurde. Das passiert nur bei selbst hergestellten Schrägstreifen.

2. Beginnend mit dem umgeschlagenen Ende, das aufgeklappte Schrägband exakt bündig – Kante an Kante –, rechts auf rechts mit Stecknadeln auf den Stoff heften. An den Rundungen den Stoff des Bandes etwas in die Ecken schieben und dabei in Falten legen. Das Ende evtl. etwas kürzen und ca. 1 cm überlappend auf das eingeschlagene andere Ende legen.

3. Mit dem farblich zum Stoff der Schleife passenden Garn genau auf der Falzkante des Schrägbands absteppen.

4. Nun das Band nach oben klappen und ausbügeln. Den Stoff wenden, das Band an der Falzkante wieder einschlagen und die Stoffkante einfassen. Bügeln und mit Stecknadeln auf den Stoff heften. Darauf achten, dass das Schrägband auf beiden Seiten gleich breit ist. Das Garn passend zum Schrägstreifen wählen, absteppen und bügeln.

5. Beginnend mit der breiten Seite, den Stoff im Zickzack falten; dabei an den Markierungen orientieren.

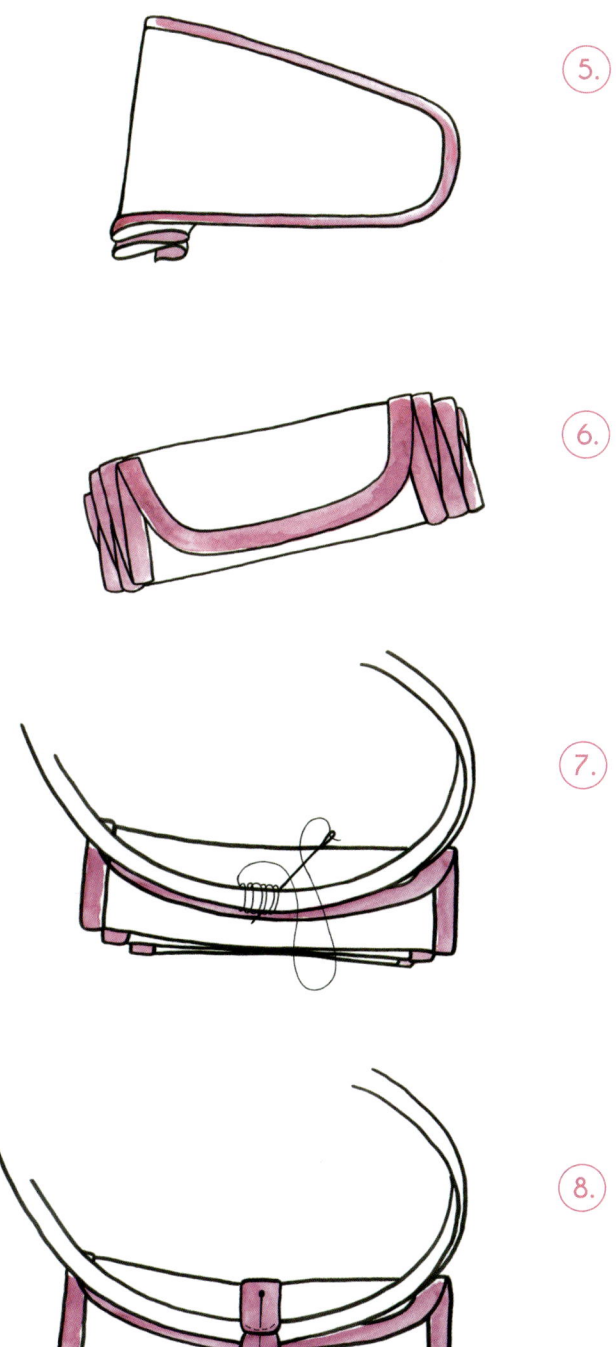

5.

6. Mit einer Stecknadel oder Klammer die gefaltete Schleife zusammenhalten.

6.

7. Einen ca. 40 cm langen, schwarzen Faden doppelt nehmen, in eine dickere Modistennadel fädeln und mehrfach verknoten. Den Haarreifen mittig an die Unterseite der Schleife nähen. Lässt sich die Nadel nur schwer durchziehen, eine Zange zu Hilfe nehmen.

7.

8. Abschließend noch den Umfang der Schleifenmitte abmessen. Den Wert mit 1 cm Nahtzugabe an einer Seite zusätzlich auf ein Stück Schrägband, Schlauch oder Satinband übertragen. Die Nahtzugabe umbügeln und das Band um die Schleife legen. Das Ende ohne Nahtzugabe am Haarreifen festnähen, das andere Ende des Bandes daraufstecken und von Hand festnähen.

8.

„MADAME PIERROT"

Diese kleine Filzscheibe lässt sich auch sehr schön zu
einem Kopfschmuck für kleine Damen verwandeln.

Das wird gebraucht:

Wollfilz

Baumwollstoff, elastisch
(Einfassband, Schleife,
evtl. Haarreif)

Nähgarn, passend zum Stoff

Futterstoff

feste Einlage (Decovil 1), 17 × 17 cm

Stoffklammern, Stecknadeln

Schmucksteinkleber oder Textilkleber

Strasssteine

spitze Pinzette für Bastelarbeiten

Pappe, Zirkel

Haarreif

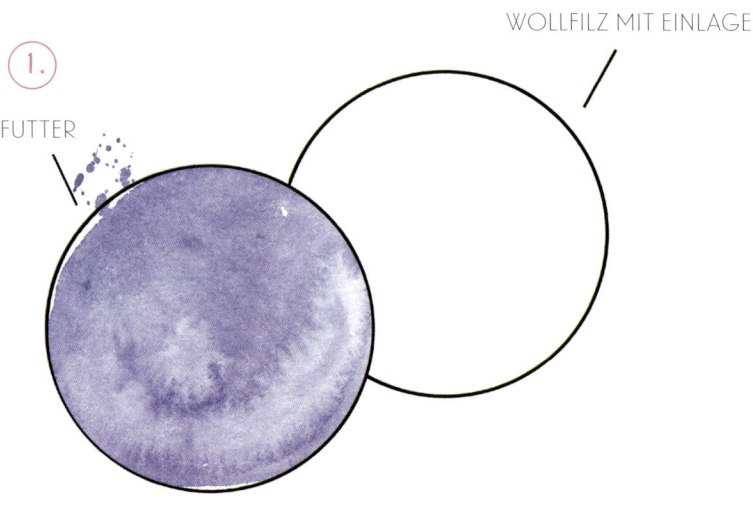

FUTTER

WOLLFILZ MIT EINLAGE

1. Mit einem Zirkel eine Kreisschablone mit 15 cm Durchmesser auf die Pappe zeichnen und ausschneiden. Die Einlage nach Herstellerangaben auf den Wollfilz bügeln. Den Schnitt mit dem Trickmarker oder der Schneiderkreide auf das Futter und den Filz übertragen und zuschneiden.

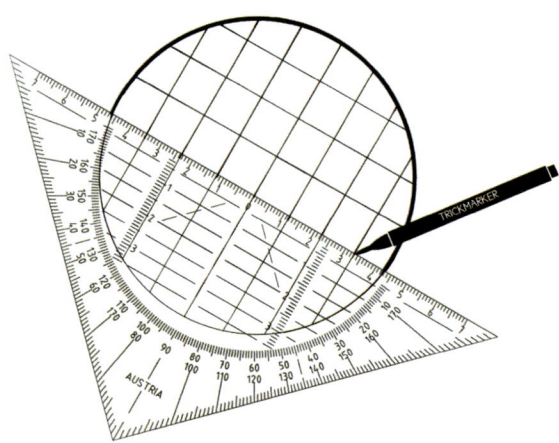

2. Auf die rechte Seite des Wollfilzes mit einem Geodreieck und Trickmarker Quadrate im Abstand von 2 cm aufzeichnen.

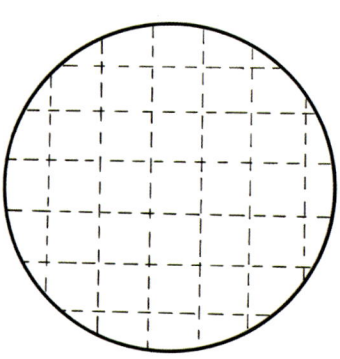

3. Mit einer Stichlänge von 3 mm die aufgezeichneten Quadrate absteppen. Die Garnenden verknoten und die Fäden abschneiden.

4. Das Futter links auf links auf den Woll-filz heften und mit der Nähmaschine ca. 3–4 mm breit absteppen. Den Umfang des Kreises abmessen und den Wert auf den elastischen Stoff übertragen. Dabei an beiden Enden 1 cm Nahtzugabe dazurechnen. Das Band sollte 4 cm breit sein. Nun die Enden rechts auf rechts legen, mit Stecknadeln fixieren und zusammennähen. Die Nahtzugabe auseinanderbügeln, das Band um den Filzkreis legen und überprüfen, ob sich der Stoff ausgedehnt hat. In diesem Fall das Band noch einmal kürzen. Die beiden Seiten bis knapp zur Mitte falten und mit dem Bügeleisen dämpfen, sodass eine Falzkante sichtbar ist. Das Band wieder auffalten und Kante an Kante, rechts auf rechts mit Stoff-klammern auf die Filzscheibe heften.

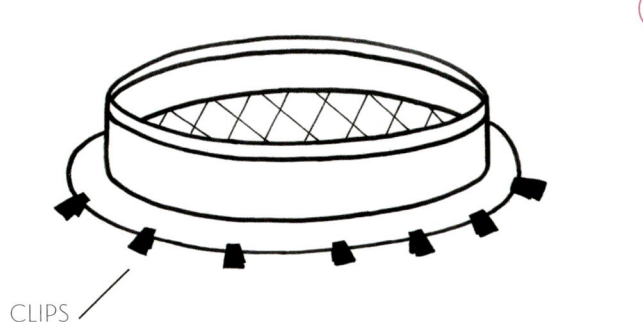

CLIPS

5. Entlang der Falzlinie mit ca. 3 mm Stichlänge steppen. Die Nahtzugabe des Bandes einschneiden und darauf achten, dass der Filz nicht (!) eingeschnitten wird.

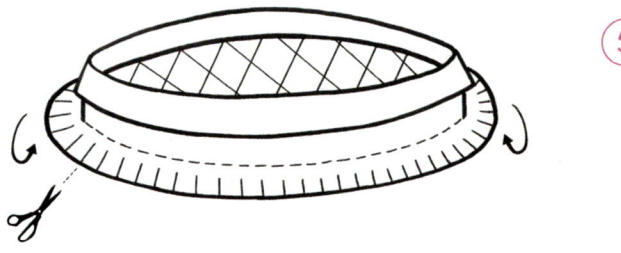

6. Die Nahtzugabe des Bandes einschla-gen, um die Kante der Scheibe legen, bügeln und mit Stoffklammern fixieren. Von der rechten Seite knapp absteppen und darauf achten, dass das Band auch auf der Untersei-te miterfasst wird und nicht verrutscht.

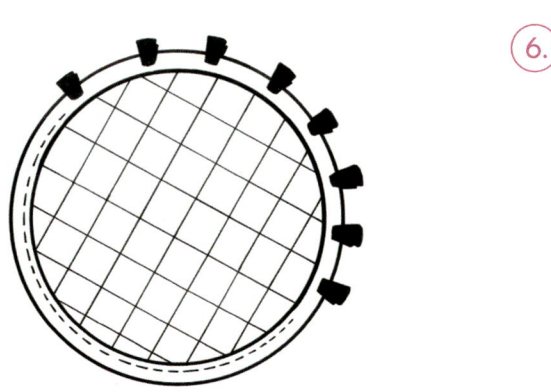

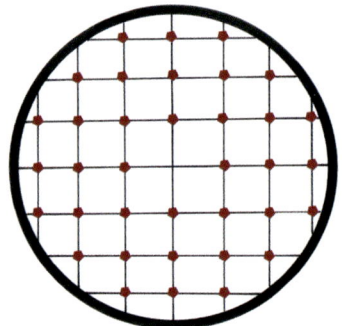

7. Je einen kleinen Glitzerstein mit Textilkleber auf die Karos kleben. Den Mittelpunkt, auf dem später die Schleife angebracht wird, auslassen.

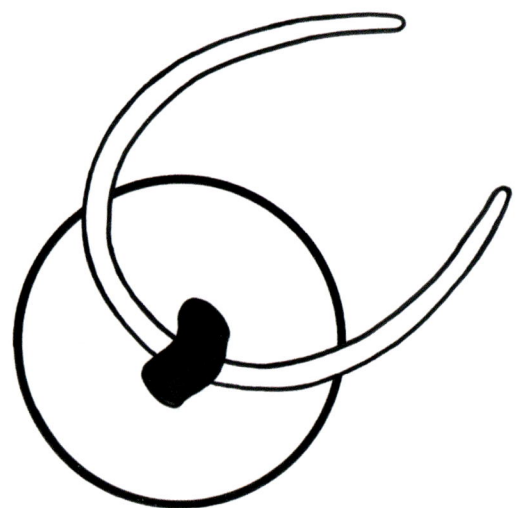

8. Aus einem Stück Wollfilz einen 6 × 3,5 cm breiten Streifen zuschneiden und die Ecken abrunden. Textilkleber auf den Filzstreifen auftragen, dabei den Rand etwas aussparen, damit der Kleber später nicht herausquillt. Die Filzscheibe mit der Vorderseite nach unten auf die Arbeitsfläche legen, den Haarreif positionieren und mit dem Filzstreifen festkleben. Gut andrücken und warten, bis der Kleber angetrocknet ist.

9. Aus einem Stoffstreifen einen Schlauch nähen, die Enden verstürzen (siehe „Haarreif beziehen", S. 22) und eine einfache Schleife binden.

1.

2.

3.

4.

10. Die Schleife mit Textilkleber in der Mitte der Scheibe aufkleben und fest andrücken, bis der Kleber getrocknet ist.

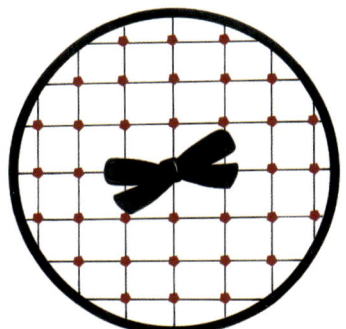

⑩

„MADEMOISELLE POULAIN"

Diese kleine Baske versprüht ihren Charme nicht nur in Schwarz-Weiß, sondern lässt sich perfekt an die Lieblingsgarderobe anpassen und wird damit auch zum alltäglichen Begleiter.

Das wird gebraucht:

Hut mit runder Kopfform

Schrägband oder elastischer Feinstrick, 3 × 10 cm

Nähgarn, passend zu Hut und Schrägband

Hutgummi, passend zur Haarfarbe

ein dünnes Satinband, ca. 12 cm lang

Modistennadeln

Textilkleber

Pappe, Zirkel

evtl. eine kleine Zange

Schritt für Schritt

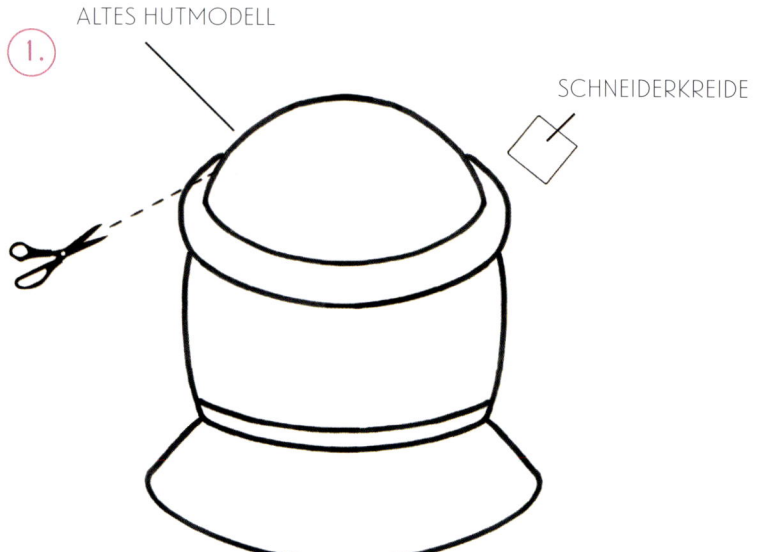

ALTES HUTMODELL

SCHNEIDERKREIDE

1. Eine Kreisschablone mit 15–17 cm Durchmesser anfertigen, diese mit Schneiderkreide auf die Krone des Hutes übertragen und ausschneiden.

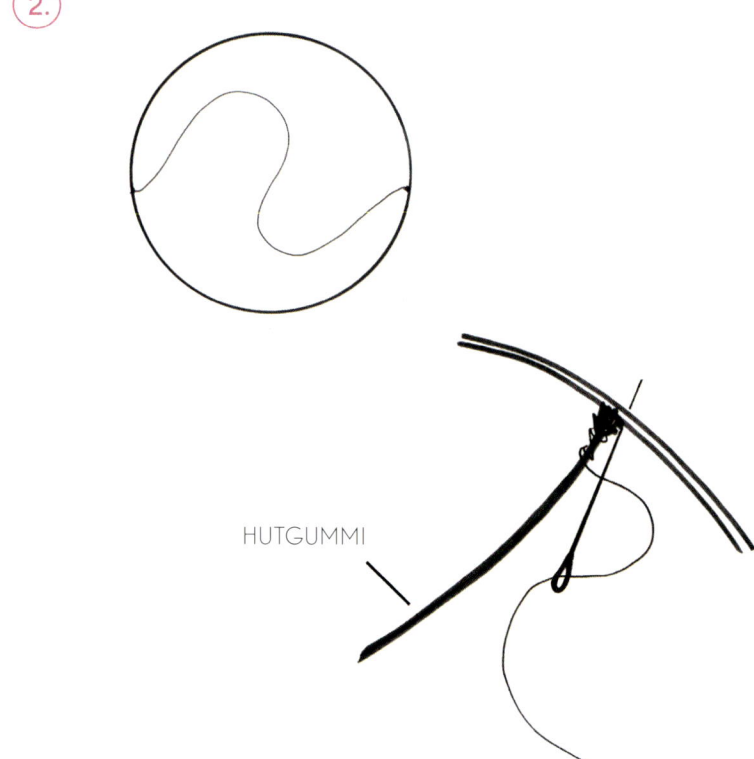

HUTGUMMI

2. Ein Ende des Hutgummis an einer Seite der Kappe von Hand bündig festnähen, damit man später das Schrägband darüberlegen kann. Die Kappe an den Kopf halten, das Gummi um den Kopf legen und die Länge des Gummis bestimmen. Das Gummi abschneiden und die andere Seite genauso festnähen.

3. Den Mittelpunkt der Kappe mithilfe des Maßbands ermitteln und mit Schneiderkreide markieren.

3.

4. Den Umfang des Kappenrands ausmessen und mit je 1 cm Nahtzugabe zusätzlich auf den Stoffstreifen übertragen. Die Enden rechts auf rechts aufeinanderheften und entlang der Nahtlinie steppen. Die Nahtzugaben auseinanderbügeln und beide Seiten bis knapp zur Mitte falten. Mit dem Bügeleisen so dämpfen, dass die Falzkanten sichtbar sind. Das Schrägband wieder auffalten (siehe S. 21, Schritt 1–3). Mit Stoffklammern das Band bündig rechts auf rechts auf die Kappe heften. Das Band darf nicht über die Kante des Hutes reichen.

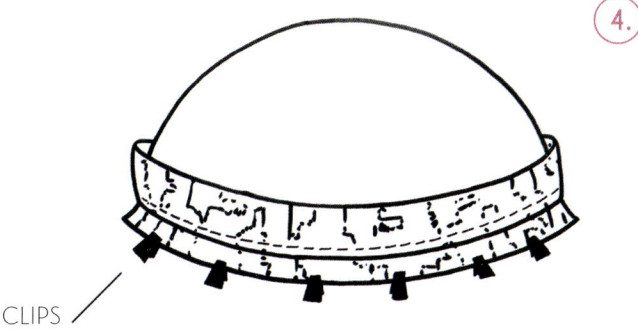

CLIPS

5. Den Hut mit der linken Seite – Wölbung innen – unter das Füßchen der Nähmaschine führen, vorsichtig mit einem größeren Stich ca. 0,7–1 cm breit absteppen und mit Rückstichen verstechen. Das Band nach unten legen und die Nahtzugabe nach innen falten.

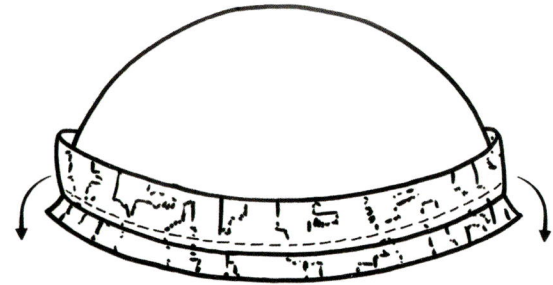

6. Danach die Krempe des Hutes mit dem nach innen gefalteten Band einfassen und mit Stoffklammern fixieren.

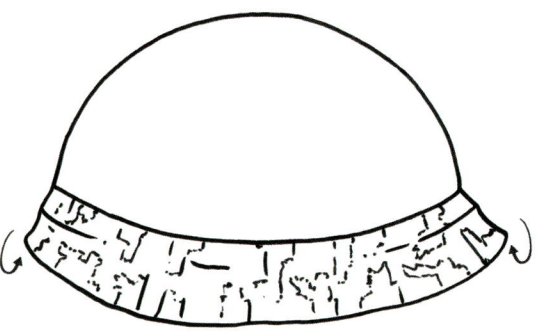

AUSSENRAND

INNENRAND

7. Einen zur Hutfarbe passenden Faden durch eine dünne Modistennadel fädeln und mehrfach verknoten. Mit der Nadel von unten so durch das Band stechen, dass sie auf der Oberseite genau an der Stelle zwischen Hut und dem Band wieder heraustritt. So ist die Naht später nicht sichtbar. Die Stichlänge sollte dafür ca. 3–5 mm sein.

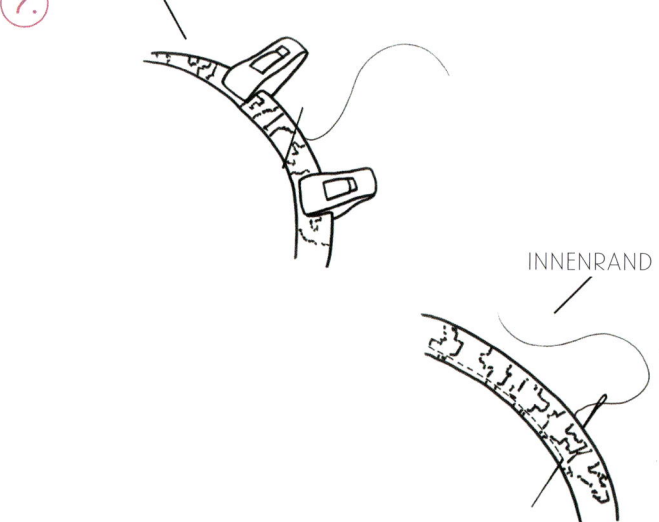

8. Einen ca. 12 cm langen Streifen des Schrägbands an einer Seite ca. 5 mm breit zu einer Kante umbügeln, dünn mit Textilkleber bestreichen und vorsichtig aufrollen. Dabei mit der unverstürzten Seite des Bandes beginnen.

9. Den „Stummel" mit einer dünnen Nadel rundherum mit kleinen unsichtbaren Stichen auf dem markierten Mittelpunkt der Kappe festnähen. Wem das zu aufwendig ist, kann auch Textilkleber zu Hilfe nehmen und ihn festkleben.

10. Eine kleine Schleife aus einem Satinband binden (siehe „Madame Pierrot", S. 50), die Enden mit einem Feuerzeug verschweißen (nur bei Polyester) und am „Stummel" festnähen. Vorher die Kopfseite bestimmen, auf der der Hut später sitzen soll, damit die Schleife nicht verkehrt herum sitzt.

„STUMMEL"

8.

9.

10.

„PETIT BATEAU"

Dieses reizvolle Schiffchen im Uniformstil verliert seine Strenge,
wenn man sie mit hellen Stoffen oder femininen Mustern bricht.

Das wird gebraucht:

fester Baumwollstoff, nicht elastisch,
z.B. Köper, Jeans

Baumwollstoff für das Futter

Nähgarn, passend zum Stoff

Knopf, Applikation etc.

Schnittteile:

A Kappenteil – je 2× Oberstoff und
Futterstoff

B Seitenteil schmal – 1× Oberstoff

C Seitenteil breit – 1× Oberstoff

Nahtzugaben:

Nähte 1 cm, an den unteren Saumkanten
des Kopf- und Seitenteils 1,5 cm

Schritt für Schritt

1. Die Schnittteile vom Schnittbogen kopieren und mit einem Trickmarker oder Schneiderkreide auf den Kappen- und Futterstoff übertragen. Die Kappenteile A rechts auf rechts aufeinanderlegen, mit Stecknadeln fixieren (dabei auf die Markierungen achten) und entlang der Nahtlinie steppen.

2. An den Rundungen vorsichtig kleine Dreiecke einschneiden, damit der Stoff nach dem Wenden keine Falten oder Wellen schlägt. Darauf achten, dass die Naht nicht beschädigt wird.

3. Die Nahtzugaben auf ca. 7 mm zurückschneiden, auseinanderbügeln und knapp absteppen. Schritte 1–2 beim Futter wiederholen.

4. Die Seitenteile B und C am hinteren Ende rechts auf rechts aufeinanderlegen, mit Stecknadeln fixieren und steppen. Die Nahtzugaben auseinanderbügeln und schmal absteppen.

5. Die obere Nahtzugabe des Seitenteils umbügeln, fixieren und schmal absteppen.

6. Danach das Seitenteil auf die Kappe des Schiffchens stecken. Beginnend mit der schmalen Seite und der vorderen Mitte ca. 1,3 cm breit absteppen. Das Seitenteil nach unten klappen und die Nahtzugabe nach innen bügeln.

7. Nun das Kopfteil nach außen stülpen, sodass die linke Seite außen ist. Die Nahtzugabe des Futters nach innen bügeln und links auf links auf das Kappenteil stecken. An der Kante wenige Millimeter Platz lassen, damit das Futter später nicht sichtbar ist, und ca. 5 mm breit absteppen.

8. Einen 15 cm langen Faden durch eine Nähnadel fädeln und das Ende mehrfach verknoten. Den Knopf (siehe Markierung) auf das Seitenteil nähen und den Faden verstechen. Kappenteil und das Seitenteil wieder auf rechts stülpen und noch einmal über die Kante bügeln. Fertig.

Projekte für Fortgeschrittene

Measure twice,
cut once.

„PETITE MADEMOISELLE"

Diese klassische Kinderkappe kann man auch sehr schön für Jungs nähen. Die Schleifen einfach gegen Knöpfe tauschen und für einen maritimen Look zwischen den Knöpfen eine Kordel oder ein Band aufnähen.

Das wird gebraucht:

Baumwollstoff für die Kappe

dünner Baumwollstoff für das Futter

Schabrackeneinlage (Vlieseline S 320)

Nähgarn, passend zum Stoff

schmales Satinband, ca. 7 mm breit, ca. 20 cm lang

1 Knopf, Ø 2 cm

Stoffklammern, Stecknadeln

Nahtzugaben:

An der unteren Kante der Mütze, an Futter und Mützenschild beträgt die Nahtzugabe 1,5 cm, alle anderen Nahtzugaben je 1 cm.

Schnittteile:

A Kappenteil vordere Mitte
B Kappenteil Seite
C Kappe hintere Mitte

A, B und C je 2× aus Oberstoff, 2× gespiegelt aus Oberstoff und 2× aus Futterstoff, 2× gespiegelt aus Futterstoff

D Mützenschild – 2× Oberstoff, 1× Einlage

Kreis für Knopf – Ø 4 cm (Knopf, Ø 2 cm)

Schritt für Schritt

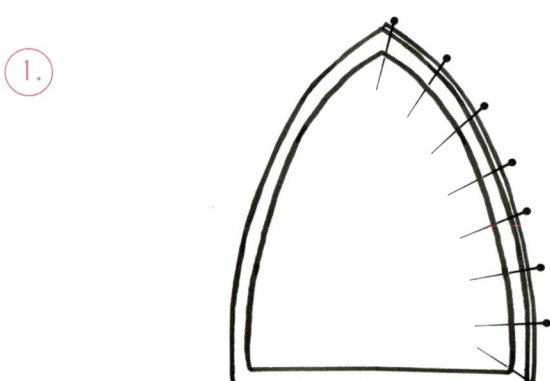

1. Den Schnitt von der Vorlage erst auf Schnittmusterpapier und danach auf den Stoff und die Einlage übertragen. Darauf achten, dass die Teile für die Mütze gespiegelt werden. Auch die Nahtzahlen mit übertragen! Alle Teile zuschneiden. Die Kappenteile A (vordere Mitte) rechts auf rechts aufeinanderlegen und mit Stecknadeln genau auf der Naht stecken. Die obere und untere Spitze müssen exakt aufeinandertreffen (Nahtzahlen beachten). Danach mit dem Kappenteil C (hintere Mitte) fortfahren.

2. Die Nähte steppen und dabei darauf achten, dass die Naht genau an der oberen Spitze beginnt und nach unten komplett durchgenäht wird. Mit Rückstichen sichern. Danach die Kappenteile B an das Kappenteil A heften und wieder genau darauf achten, dass die Spitzen exakt aufeinanderliegen. Steppen.

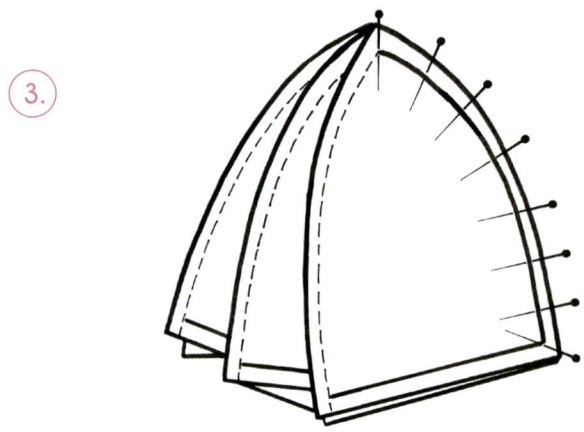

3. Nun die beiden Kappenteile an einer Seite zusammenheften und steppen, danach erst die letzte Seite verbinden.

4. Die Teile flach aufeinanderlegen und die Nahtzugaben an der Spitze links und rechts schräg abschneiden.

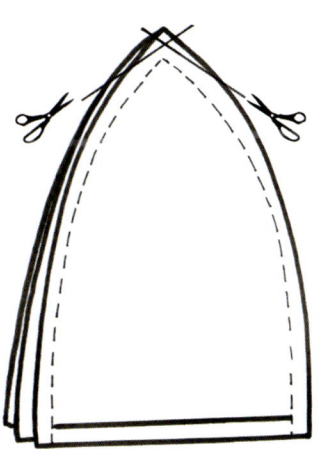

5. Alle Nahtzugaben auseinanderbügeln, an den Spitzen übereinanderlegen und schmal absteppen.

Schritte 1–6 beim Futterstoff wiederholen.

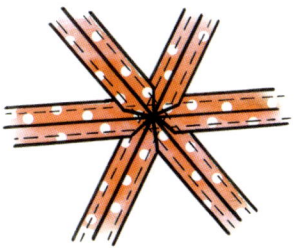

6. Aus dem Kappenstoff einen Kreis mit 3 cm Durchmesser ausschneiden. Einen 30 cm langen Faden durch eine Modistennadel fädeln und das Ende mehrfach verknoten. Knapp am Rand entlang des Stoffkreises mit kleinen Stichen einreihen. Den Knopf in die Mitte legen und den Faden straff ziehen.

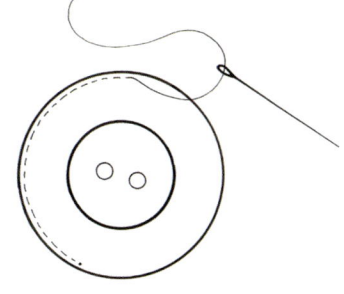

7. Mit der Nadel so lange von einer Seite zur anderen Seite stechen, dass der Stoff um den Knopf fest gespannt ist. Den Faden verstechen.

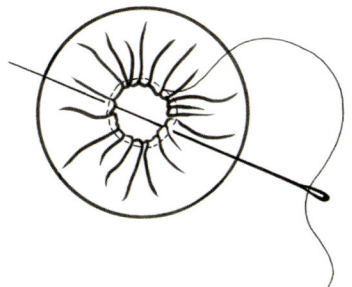

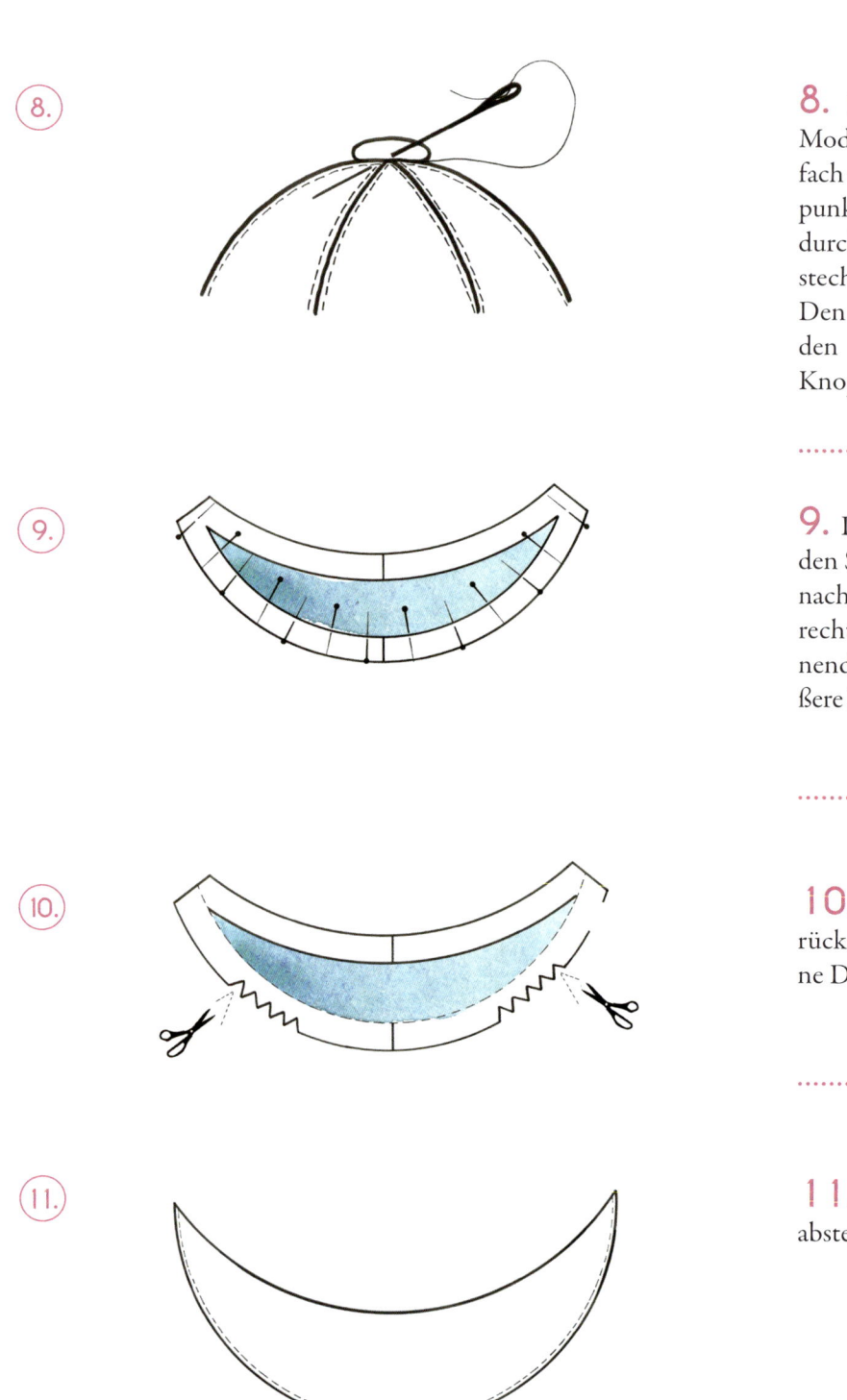

8. Einen 30 cm langen Faden durch eine Modistennadel fädeln und das Ende mehrfach verknoten. Den Knopf auf den Mittelpunkt der Kappe nähen. Dafür von unten durch die Kappe in den Stoff des Knopfes stechen und ihn an der Kappe festziehen. Den Kopf rundherum annähen und den Faden verstechen. Wer möchte, kann den Knopf auch mit Textilkleber aufkleben.

9. Die Einlage nach Herstellerangaben auf den Stoff des Mützenschilds aufbügeln. Danach die beiden Teile für den Mützenschild rechts aus rechts aufeinanderlegen, beginnend mit der Mitte und den Spitzen, die äußere Naht mit Stecknadeln fixieren. Steppen.

10. Die Nahtzugaben auf ca. 7 mm zurückschneiden und an den Rundungen kleine Dreiecke einschneiden.

11. Den Schild wenden, bügeln und schmal absteppen.

12. Den Mützenschild rechts auf rechts mit Stecknadeln auf die Kappe heften. Dabei darauf achten, dass die Naht der vorderen Mitte genau auf die Mitte des Mützenschilds trifft. Den Mützenschild steppen und die Enden mit Rückstichen sichern.

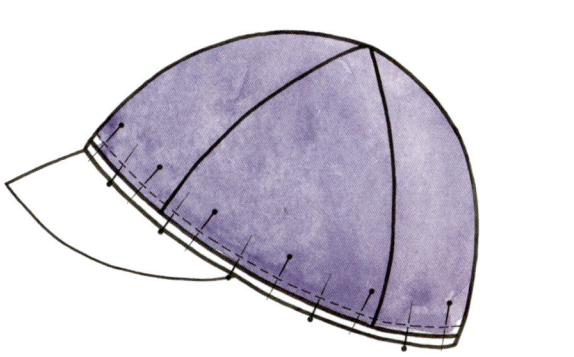

(12.)

13. Die Nahtzugabe nach innen bügeln und die Mütze von rechts auf links wenden. Das Futter links auf links auf die Kappe stecken und mit Stecknadeln fixieren. Darauf achten, dass die vordere und hintere Mitte genau aufeinandertreffen und die Kappe des Futters knapp 2 mm oberhalb der Kappe der Mütze beginnt, damit das Futter später nicht sichtbar ist. Mit der Nähmaschine ca. 5–7 mm breit absteppen. Danach noch einmal bügeln und wenden.

(13.)

14. Einen ca. 20 cm langen Faden durch eine Modistennadel fädeln und das Ende mehrfach verknoten. Aus dem Satinband 2 Schleifen binden (siehe „Madame Pierrot", S. 51), die Enden schräg abschneiden und mit dem Feuerzeug verschweißen. Die Schleifen mit ein paar unsichtbaren Stichen an dem Knoten auf die Kappe nähen.

(14.)

„BEAU GOSSE"

Diese raffinierte Männerkappe steht auch Frauen ganz ausgezeichnet. Damit der Liebste seine Kappe nicht entbehren muss, einfach den Umfang um einen Zentimeter pro Kopfgröße verkleinern und im Partnerlook gehen.

Das wird gebraucht:

Baumwollstoff mit festem Stand, z.B. Jeans, Köper

Schabrackeneinlage – bügelbar (Vlieseline S 320)

Wollstoff, fein gewebt

Baumwollstoff für das Futter

Nähgarn, farblich passend zum Stoff

Stoffklammern, Stecknadeln

Nahtzugaben:

An der unteren Kante der Mütze, an Futter und Mützenschild beträgt die Nahtzugabe 1,5 cm, alle anderen Nahtzugaben je 1 cm.

Schnittteile:

A seitliches Kopfteil im Stoffbruch – je 1 × Oberstoff und Futterstoff und 1 × Einlage

B oberes Kopfteil – je 1 × Oberstoff und Futterstoff und 1 × Einlage

C Seitenteil im Stoffbruch – 1 × Oberstoff

D Mützenschild – 2 × Oberstoff und 1 × Einlage

Schritt für Schritt

 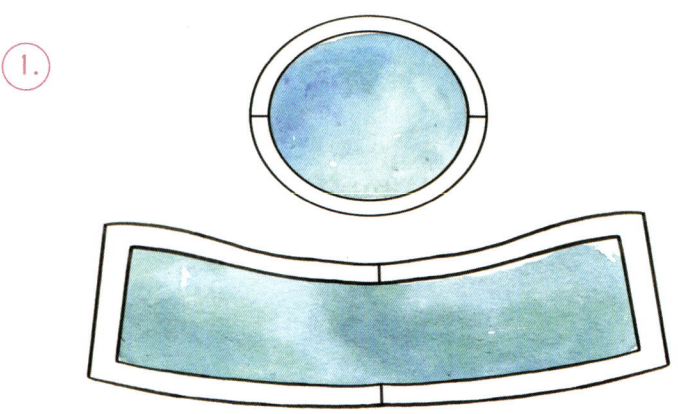

1. Den Schnitt von der Vorlage erst auf Schnittmusterpapier und danach auf den Stoff und die Einlage übertragen. Die Einlage nach Herstellervorgaben auf den Stoff bügeln.

 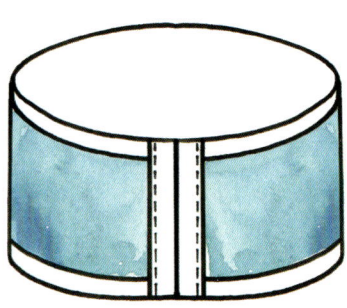

2. Dann die hintere Mitte des Kopfteils A rechts auf rechts aufeinanderstecken und steppen, die Nahtzugaben auseinanderbügeln und schmal absteppen.

 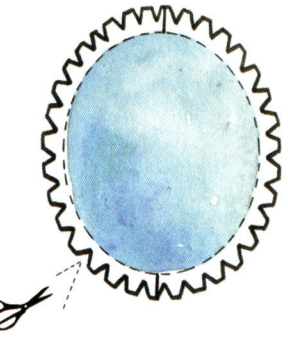

3. Das obere Kopfteil B rechts auf rechts auf das seitliche Kopfteil A stecken, dabei mit der vorderen und hinteren Mitte beginnen und danach den Stoff an beiden Seiten gut verteilen. Dabei den Stoff leicht wölben und dann mit einer Stecknadel oder Stoffklammer fixieren. Absteppen und darauf achten, dass der Stoff des seitlichen Kopfteils richtig mittransportiert wird, da er sich sonst unter die Nadel schieben könnte. Die Nahtzugabe auf 7 mm zurückschneiden und rundherum kleine Dreiecke einschneiden.

4. Die Nahtzugabe nach unten legen und schmal absteppen.

Für das Futter die Schritte 2–4 wiederholen und die Nahtzugabe der Saumkante nach innen bügeln.

4.

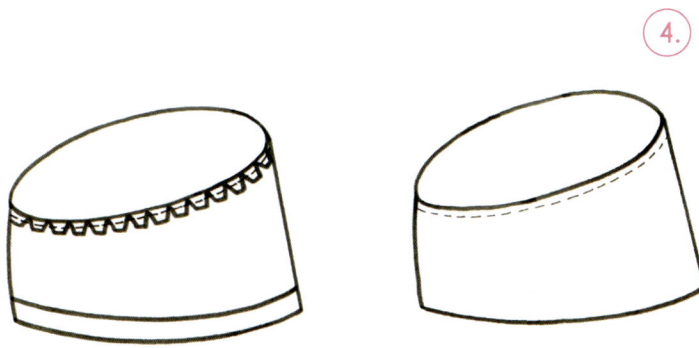

5. Die Kanten der hinteren Mitte des Seitenteils C rechts auf rechts aufeinanderstecken und steppen. Die Nahtzugaben auseinanderbügeln und schmal absteppen. Die Nahtzugabe der oberen Kante umbügeln und schmal absteppen.

5.

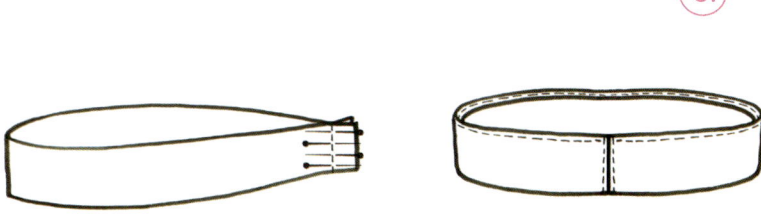

6. Das Seitenteil links auf rechts mit Stecknadeln oder Stoffklammern auf das Kopfteil stecken und ca. 7 mm breit steppen.

6.

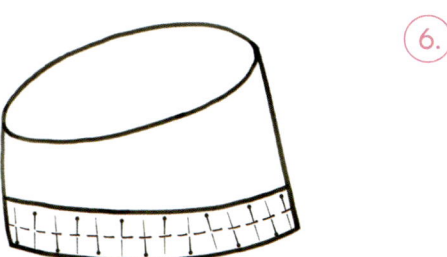

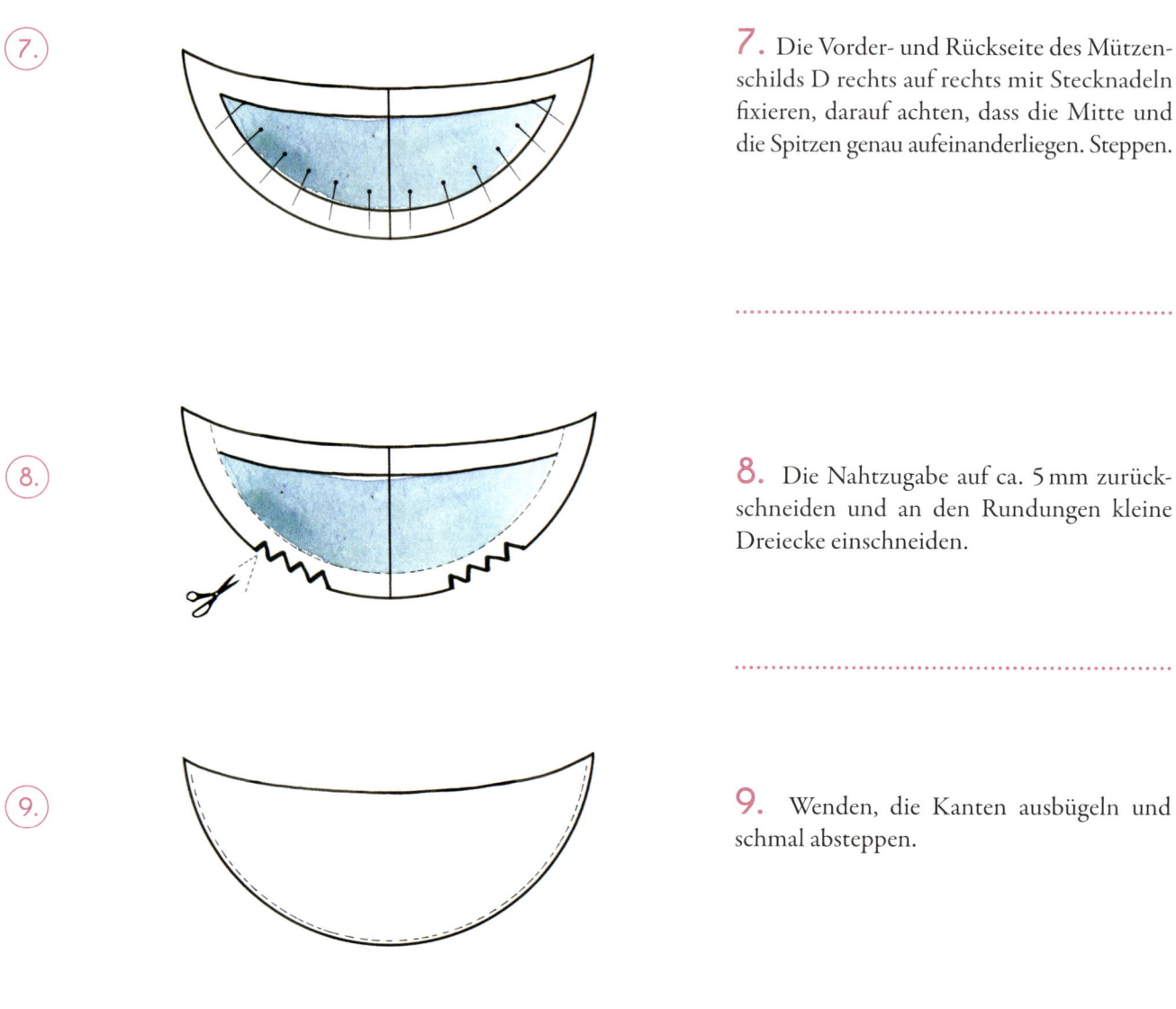

7. Die Vorder- und Rückseite des Mützen-schilds D rechts auf rechts mit Stecknadeln fixieren, darauf achten, dass die Mitte und die Spitzen genau aufeinanderliegen. Steppen.

8. Die Nahtzugabe auf ca. 5 mm zurück-schneiden und an den Rundungen kleine Dreiecke einschneiden.

9. Wenden, die Kanten ausbügeln und schmal absteppen.

10. Den Mützenschild mit Stecknadeln rechts auf rechts an das Kopfteil stecken. Beginnend mit der Mitte. Den Mützenschild absteppen.

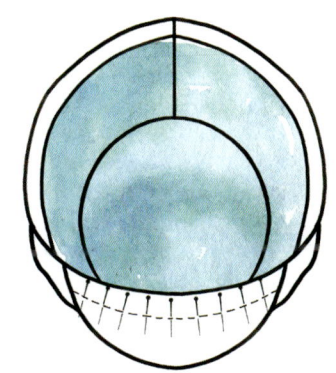

11. Die Nahtzugabe in die Innenseite der Mütze legen und bügeln.

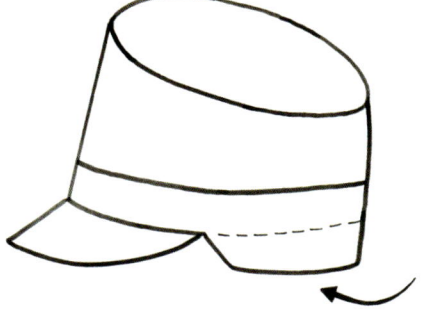

12. Das Futter links auf links in die Mütze stecken und mit Stecknadeln fixieren. Dabei mit der vorderen und hinteren Mitte beginnen, danach den Rest gleichmäßig verteilen. Die Kante des Futters sollte ca. 2–3 mm unterhalb der Kante der Mütze sein, damit das Futter später nicht zu sehen ist. Danach ca. 5–7 mm breit absteppen und bügeln.

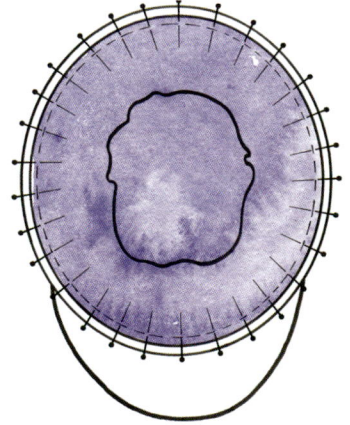

„MADAME MONTMARTRE"

Diese entzückende Kappe lässt sich vielfältig variieren.
Durch die Perlen wirkt sie besonders schön als Anlasshut
oder in Kombination mit edlen Stoffen.

Das wird gebraucht:

Hut mit runder Kopfform

Schrägband aus einem elastischen
Satin

Hutgummi, passend zur Haarfarbe

Nähgarn in Schwarz, Rot und Weiß

dünne Nähnadeln oder
Modistennadeln

Wachsperlen in 3 verschiedenen
Größen in Creme

Rocailles in Rot

Styroporkopf/Arbeitskopf

Pappe, Zirkel

Schritt für Schritt

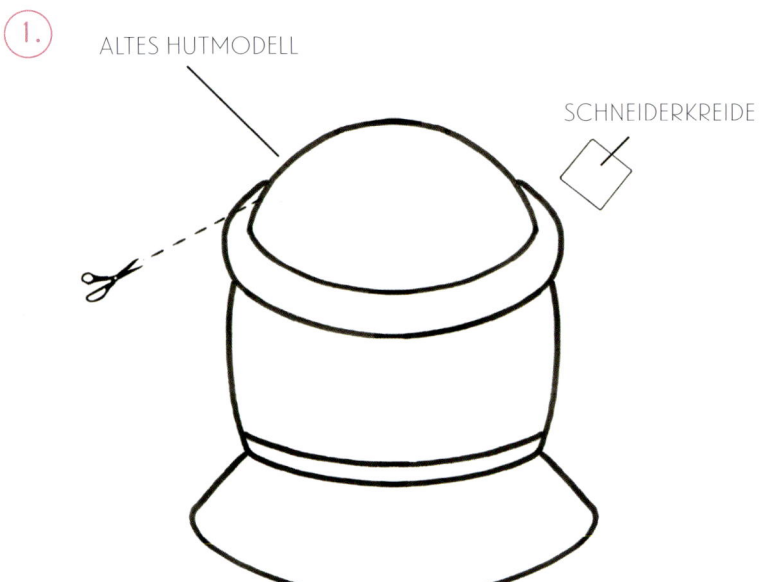

ALTES HUTMODELL

SCHNEIDERKREIDE

1. Mit einem Zirkel und einer dicken Pappe eine Kreisschablone mit einem Durchmesser von 15–17 cm anfertigen, den Kreis auf die Krone des Hutes übertragen und ausschneiden.

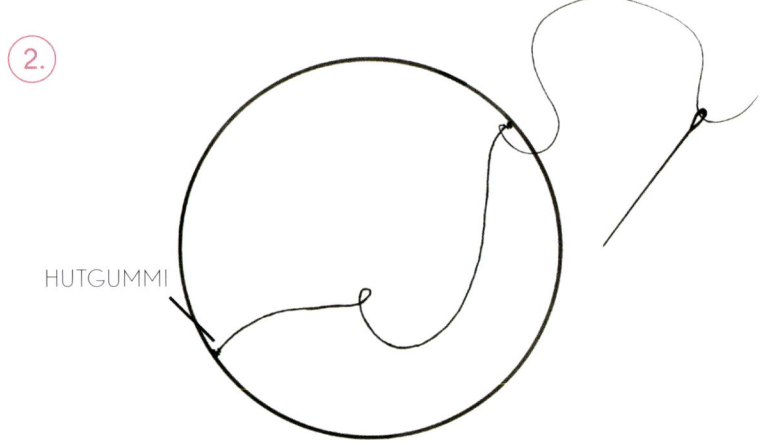

HUTGUMMI

2. Ein Ende des Hutgummis an einer Seite der Kappe bündig von Hand festnähen (Schrägband!). Danach die Kappe an den Kopf halten, das Gummi um den Kopf legen und die Länge bestimmen. Das Gummi abschneiden und die andere Seite genauso festnähen.

3. Mit einem Maßband den Umfang des Kappenrands ausmessen und mit 1 cm Nahtzugabe zusätzlich auf den Stoffstreifen übertragen. Die Enden rechts auf rechts aufeinanderheften und entlang der Naht-linie steppen. Auseinanderbügeln und beide Seiten bis knapp zur Mitte falten und mit dem Bügeleisen dämpfen, damit die Falz-kanten sichtbar sind. Das Schrägband wie-der auffalten (siehe auch S. 21, Schritt 1–3). Mit Stoffklammern das Band rechts auf rechts auf die Kappe heften. Die Kanten müssen bündig sein und das Band darf nicht über die Kante des Hutes reichen.

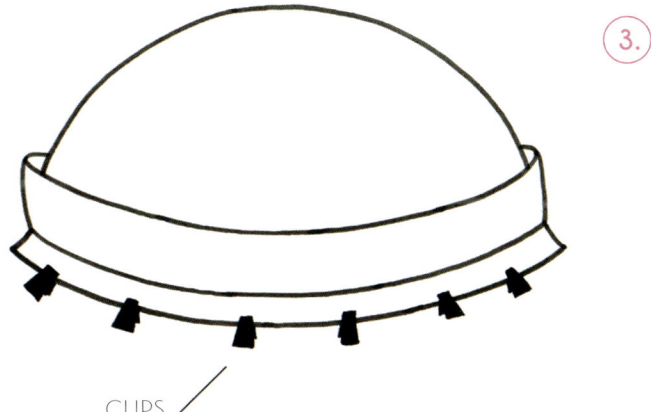

CLIPS

4. Den Hut mit der linken Seite (Wöl-bung innen) unter das Füßchen der Nähma-schine führen, vorsichtig mit einem größe-ren Stich ca. 0,7–1 cm breit absteppen und mit Rückstichen verstechen.

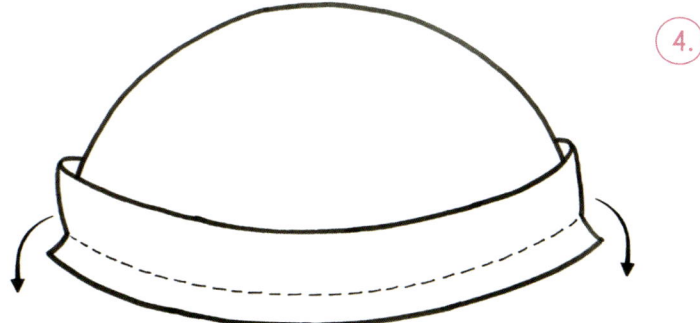

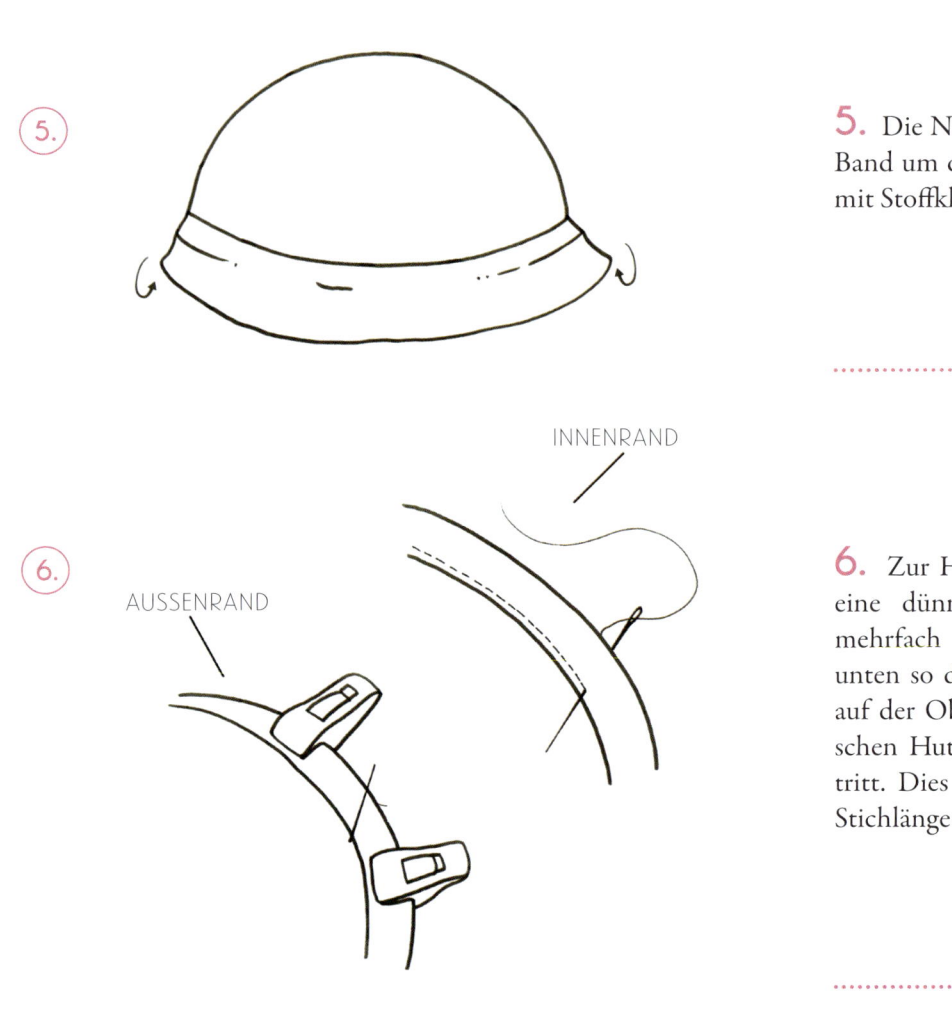

(5.)

5. Die Nahtzugabe nach innen falten, das Band um die Krempe des Hutes legen und mit Stoffklammern fixieren.

INNENRAND

(6.) AUSSENRAND

6. Zur Hutfarbe passenden Faden durch eine dünne Modistennadel fädeln und mehrfach verknoten. Mit der Nadel von unten so durch das Band stechen, dass sie auf der Oberseite genau an der Stelle zwischen Hut und dem Band wieder heraustritt. Dies nennt man „blind nähen". Die Stichlänge sollte dafür ca. 3–5 mm sein.

SCHNEIDERKREIDE

(7.)

7. Mit Schneiderkreide oder Stecknadeln einen Mittelpunkt für die Perlenstrahlen markieren und mithilfe eines Maßbandes 10 Linien ziehen.

8. Einen langen Faden passend zur Perlenfarbe durch eine Perlennadel fädeln und mehrfach verknoten. Für die großen Perlen (pink) wie folgt vorgehen: Die erste Perle auf den vorher bestimmten Achsenmittelpunkt nähen und danach im Uhrzeigersinn die anderen Perlen aufsticken. Mit der Nadel immer zuerst die untere Perle auffädeln und danach die Perle, die oben aufsitzt. Mit der Nadel wieder durch das Loch der ersten/unteren Perle zurück und durch den Hut stechen. Jede Perle doppelt sichern.

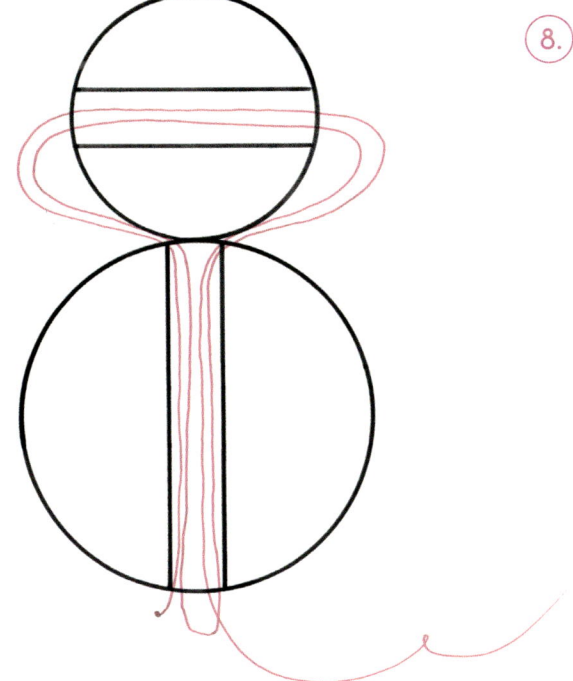

9. Die mittleren und kleinen Perlen (grün, lila und blau) auf jeder Achse nacheinander aufsticken. Danach in jedes der entstandenen Dreiecke die kleinen Rocailles-Perlen im oberen Dritteln aufsticken.

Tipp

Alternativ kann man auch zum Ausmessen der Strahlen eine Stecknadel in den Mittelpunkt stechen und 5 lange Fäden über die Kappe spannen. Dabei jeden Faden einmal um die Stecknadeln schlingen und danach mit der Schneiderkreide nachzeichnen.

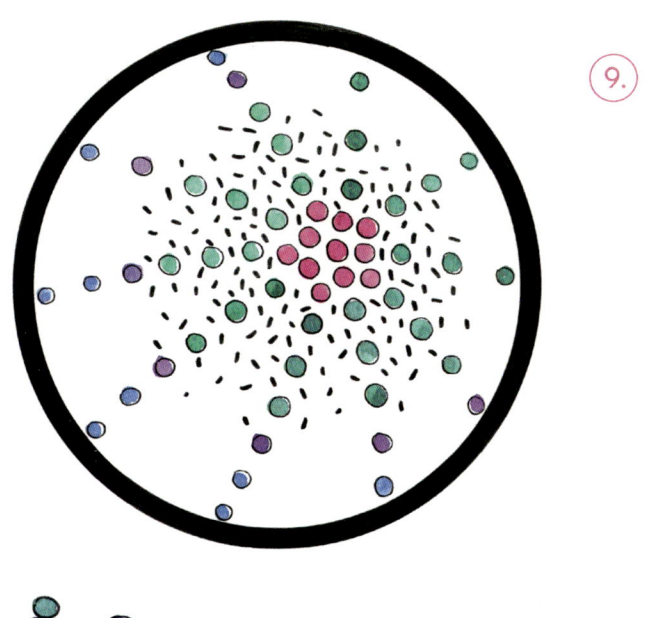

„JOLIE MARIÉE"

Dieser Brautschmuck lässt sich sehr gut noch nach dem schönsten Tag weitertragen. Zum alltäglichen Begleiter oder Anlasshut wird er, wenn man einfach den Modeschleier weglässt.

Das wird gebraucht:

Modeschleier in Creme oder Weiß, ca. 35 × 20 cm

Brauttüll, Softtüll, Feintüll in Creme oder Weiß – 3 verschiedene Sorten

Nähgarn, passend zum Tüll

je 2 Wollfilzkreise in Creme oder Weiß, ∅ 4 cm und 3 cm

Band in Creme oder Weiß, 30 cm lang, 1–2 cm breit

Modistennadeln

Haarreif in Creme oder Weiß

Textilkleber

Schnittteile:

großer Rüschenball: 10 × 10 cm, insgesamt 45 Stück

kleiner Rüschenball: 7 × 7 cm, insgesamt 36 Stück

Modeschleier: 35 × 20 cm

je 1 Kreis, ∅ 4 cm und 3 cm

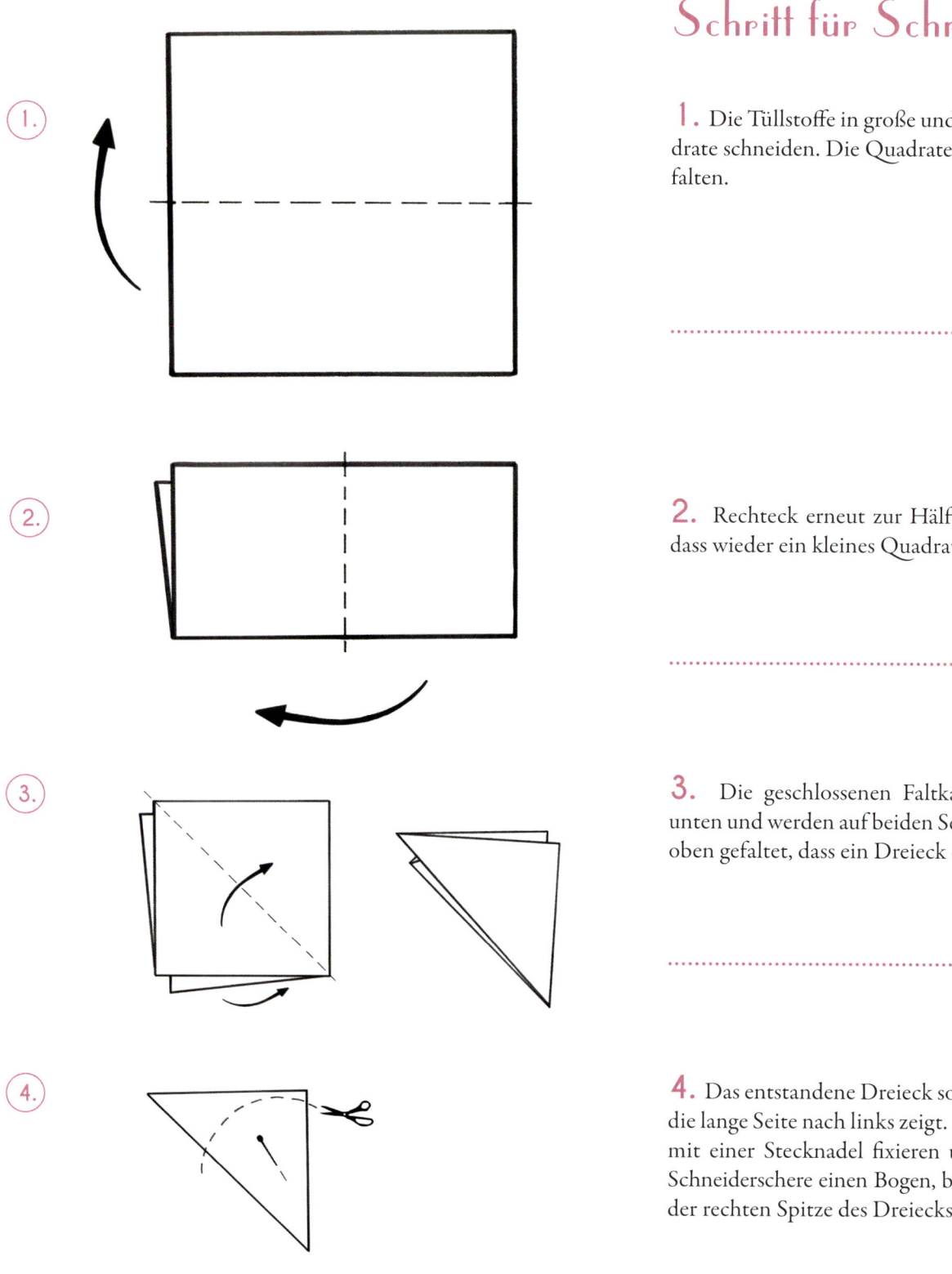

Schritt für Schritt

1. Die Tüllstoffe in große und kleine Quadrate schneiden. Die Quadrate in der Mitte falten.

2. Rechteck erneut zur Hälfte falten, sodass wieder ein kleines Quadrat entsteht.

3. Die geschlossenen Faltkanten liegen unten und werden auf beiden Seiten so nach oben gefaltet, dass ein Dreieck entsteht.

4. Das entstandene Dreieck so halten, dass die lange Seite nach links zeigt. Das Dreieck mit einer Stecknadel fixieren und mit der Schneiderschere einen Bogen, beginnend an der rechten Spitze des Dreiecks, schneiden.

5. Einen ca. 30 cm langen Faden abschneiden, das Ende aber nicht verknoten. Die einzelnen Rüschenteile nun nacheinander auffädeln. Dabei darauf achten, dass die Nadel durch die komplette Spitze des Dreiecks sticht, damit die Rüschen nicht wieder auseinanderfallen.

5.

6. Die beiden Fadenenden straff ziehen, die Rüschenteile zusammenschieben und gut verknoten.

6.

7. Mit einem Trickmarker die Stelle auf dem Haarreif markieren, wo die Rüschenbälle sitzen sollen. Dafür sollte vorher unbedingt festgelegt werden, auf welcher Seite des Kopfes die Rüschenbälle später sitzen sollen. Einen ca. 40 cm langen Faden durch eine Modistennadel fädeln, das Fadenende mehrfach verknoten und die Rüschenbälle an den Haarreif nähen.

7.

8. Etwas Textilkleber auf die Filzkreise auftragen und von unten auf den Haarreif und die Rüschenbälle kleben, gut andrücken und evtl. noch mit Stecknadeln fixieren, bis der Kleber getrocknet ist.

8.

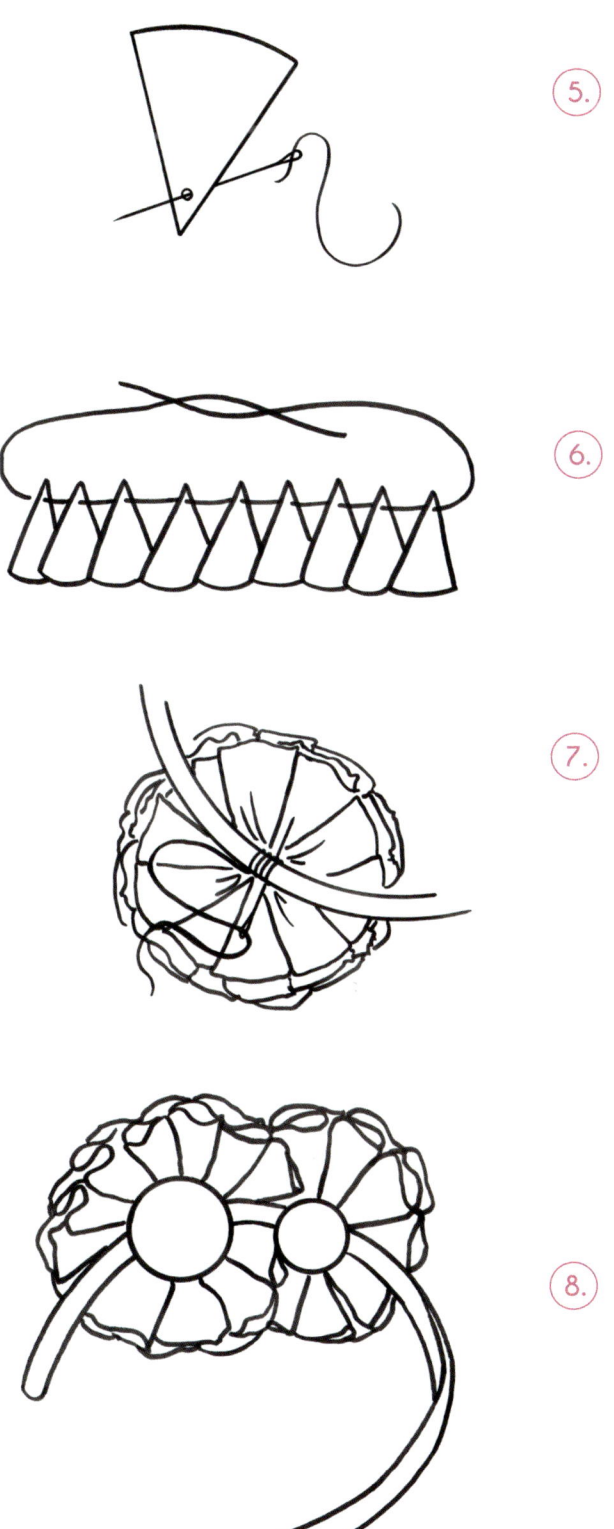

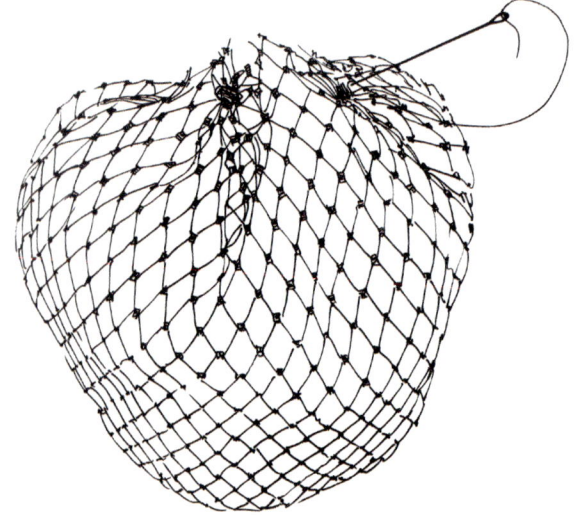

9. Den Modeschleier auf etwa 35 cm Breite zuschneiden, mit Stecknadeln auf dem Styroporkopf drapieren und feststecken. Es ist wichtig, dass genügend Abstand zum Gesicht der Trägerin entsteht, da der Schleier sonst später am Gesicht „klebt". Am besten den Schleier von der Mitte aus in kleine Falten legen und nach außen verlaufen lassen. Immer mal wieder an das Gesicht anhalten und überprüfen, ob ein paar Falten entfernt oder noch mehr drapiert werden müssen. Am Ende die Falten mit ein paar Stichen von Hand zusammenheften.

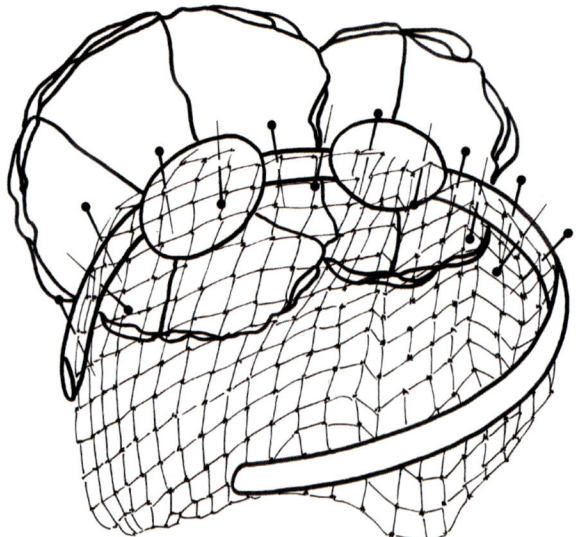

10. Den Haarreif umdrehen, den Modeschleier entlang der Innenseite verteilen und mit Stecknadeln fixieren. Noch einmal überprüfen, ob der Schleier gerade sitzt und nicht am Gesicht „klebt". Mit einer dünnen Modistennadel und weißem Garn den Modeschleier mit kleinen Stichen auf den Haarreif nähen. An beiden Enden des Haarreifs sollten ca. 7 cm Platz für die Ohren bleiben. Den Schleier also mit 7 cm Abstand zu beiden Enden annähen.

11. Den Haarreif aufsetzen, die endgültige Länge des Schleiers bestimmen
und mit einer kleinen Schere kürzen. Der
Modeschleier sollte so geschnitten werden, dass er bis zur Nasenspitze reicht. So
wirkt er am besten! An den Seiten den
Schleier so zurückschneiden, dass zum
Gesicht hin ein runder Verlauf entsteht.
Ein ca. 30 cm langes, schmales Band abschneiden, dünn mit Textilkleber bestreichen und an der Innenseite des Haarreifs
auf den festgenähten Modeschleier kleben. Gut andrücken und warten, bis der
Kleber angetrocknet ist. Die Rüschenbälle
in Form zupfen.

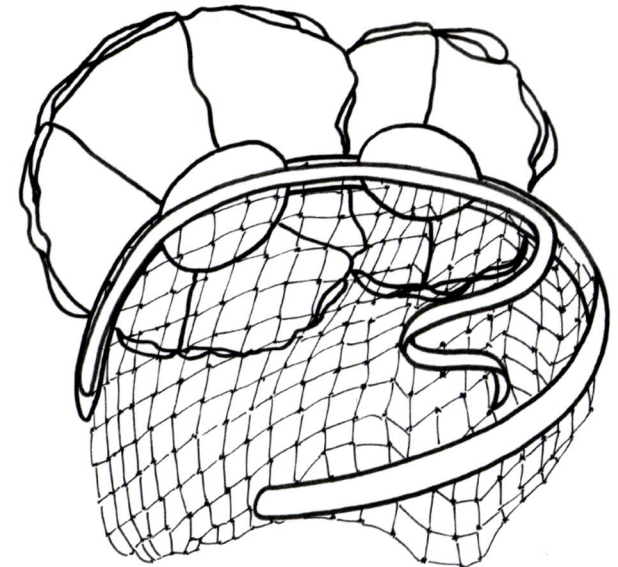

Projekte für Könner

Always follow your passion.

„MADAME LES FLEURS"

Dieser wunderbare Blumenkopfschmuck lässt sich auch als Brautschmuck verwenden. Die einzelnen Blüten wirken ebenfalls sehr schön auf Haarspangen oder auf Kleidung genäht.

Das wird gebraucht:

fester Satin in Weiß

Softtüll in Weiß

Baumwollstoff, z.B. Hemden-Popeline in Weiß

Wollfilz in Weiß, 5 × 20 cm

Nähgarn in Weiß

Modistennadeln, Perlennadel

Perlen in Creme

Seidenmalfarbe in verschiedenen Farben, z.B. Rosé, Türkis, Hellblau

Pinsel mittlerer Größe

Textilkleber

Aquatrickmarker

Haarreif in Weiß

Kanzashi-Blüten:

große Blüte: 6 × 6 cm, je 15 Stück (3 Blüten)

kleine Blüte: 5 × 5 cm, je 30 Stück (6 Blüten)

Schnittteile Rosenblüte:

große Blüte – je 2× 50 × 6 cm

mittlere Blüte – je 3× 40 × 4 cm

kleine Blüte – je 5× 20 × 2 cm

Schnittteil Wollfilz:

A Streifen

Schritt für Schritt

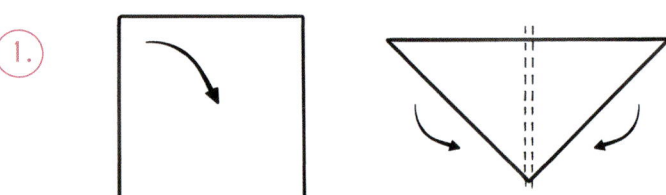

1. Mit dem Trickmarker die Quadrate auf den Satin zeichnen und zuschneiden. Darauf achten, dass der Zuschnitt sehr exakt ist. Das Quadrat einmal diagonal falten, sodass ein Dreieck entsteht.

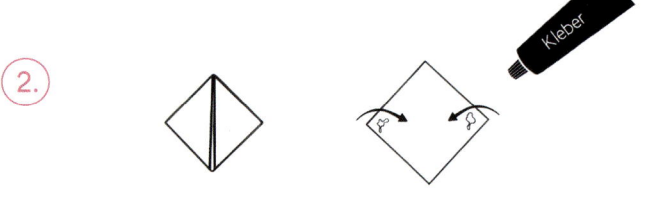

2. Nun die beiden äußeren Spitzen zur unteren Spitze des Dreiecks falten, sodass wieder ein Quadrat entsteht. Das Quadrat wenden und die äußeren Kanten mit einem kleinen Klecks Textilkleber benetzen.

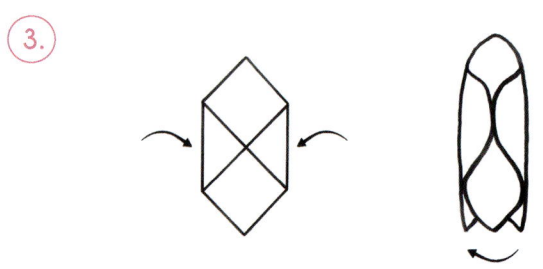

3. Die beiden Spitzen bis knapp zur Mitte falten, fest andrücken und zusammenklappen. Zwischen Daumen und Zeigefinger halten und dann entweder mit einer Stecknadel oder mit einer Stoffklammer fixieren. Warten, bis der Kleber getrocknet ist.

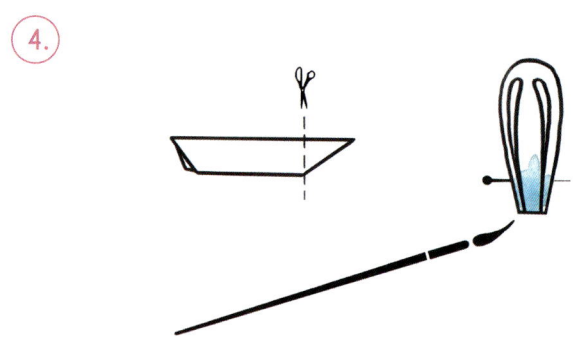

4. Mit der Schneiderschere die Spitze der Blüte abschneiden. Mit dem Pinsel ein paar Tropfen Wasser auf die Spitze des Blütenblatts träufeln, sodass die Hälfte mit Wasser benetzt wird. Danach einen kleinen Tropfen der Seidenmalfarbe auf die Spitze setzen und warten, bis ein schöner Verlauf bis zur Mitte entsteht, je nach gewünschter Intensität wiederholen. Die Kanzashi-Blütenblätter trocknen lassen.

5. Einen ca. 15 cm langen Faden durch eine dünne Modistennadel fädeln, jedoch den Faden nicht verknoten. Je 5 der getrockneten Blütenblätter auffädeln und dabei darauf achten, dass alle Lagen des Stoffes durchstochen werden.

6. Die beiden Enden des Fadens zusammenziehen, sodass sich die Blütenblätter zu einer Sternform auffächern. Doppelt verknoten. Mit Daumen und Zeigefinger die Blütenblätter auseinanderdrücken, sodass ein Kirschblütenblatt entsteht.

Tüll-Dahlie

1. Mit einem Trickmarker je einen 80 × 10 cm und einen 95 × 12 cm langen Streifen auf den Softtüll zeichnen und zuschneiden. Die lange Seite in der Mitte falten und mit Stecknadeln fixieren. Die gefalzte Seite befindet sich oben. Mit einem Trickmarker oder Schneiderkreide einen waagerechten Strich in der Mitte markieren. Nun mit der Schneiderschere lange Kerben bis zur Markierung in den Tüll einschneiden, sodass ungefähr 1 cm breite Dreiecke entstehen.

2. Einen ca. 40 cm langen Faden in eine Nadel fädeln, das Ende mehrfach verknoten und mit ca. 5 mm langen Heftstichen das untere Ende einreihen. Am Fadenende ziehen und den Tüll zusammenraffen. Der Stoff sollte am Anfang etwas straffer als am Ende zusammengezogen sein, damit sich die Blume besser aufwickeln lässt.

3. Nun das Ende vorsichtig aufwickeln und mit den Fingerspitzen zusammenhalten. Dabei den Faden nach Gefühl straffen oder lockern. Am Ende sollte eine kompakte Blüte entstanden sein.

4. Mit dem restlichen Faden den Boden der Blüte verstechen und darauf achten, dass alle Lagen des Tülls mit Nadel und Faden erfasst werden.

5. Eine kleine Schale mit Wasser bereitstellen und den Blütenboden bis zur Hälfte eintauchen. Die Blume mit dem Boden nach oben auf ein Papier oder Pappe legen. Mit einem Pinsel tropfenweise Seidenmalfarbe aufträufeln, bis ein schöner Verlauf entstanden ist. Trocknen lassen.

Rosenblüten

1. Mit einem Trickmarker die Streifen ohne Nahtzugaben auf den Baumwollstoff zeichnen und zuschneiden. Den Stoff längs zur Hälfte falten und mit Stecknadeln fixieren. Das offene Ende befindet sich unten. Mit dem Trickmarker einen ca. 10 cm breiten runden Verlauf an beiden Enden zeichnen und abschneiden. Einen ca. 40 cm langen Faden abscheiden und das Ende mehrfach verknoten, in eine lange Modistennadel fädeln. Den Stoff mit ca. 4–5 mm großen Stichen heften.

2. Am Fadenende ziehen und den Stoff zusammenziehen. Für eine dickere Blütenform den Stoff am Anfang nicht zu straff ziehen und zum Ende hin immer etwas mehr einreihen. Vorsichtig aufwickeln und zwischendrin immer wieder die Form der Blüte überprüfen. Gegebenenfalls den Faden etwas lockern oder straffer ziehen.

3. Die Rosenknospe mit den Fingerspitzen umschließen, sodass sie sich nicht wieder auflösen kann. Mit dem restlichen Faden den Boden verstechen und darauf achten, dass alle Lagen des Stoffes erfasst werden.

4. Die Blüte mit dem Boden so in eine Schale mit Wasser tauchen, dass sie bis zur Hälfte benetzt ist. Mit dem Kopf nach unten auf ein Stück Papier legen und mit einem Pinsel tröpfchenweise Seidenmalfarbe aufbringen, bis ein Verlauf entstanden ist. Trocknen lassen.

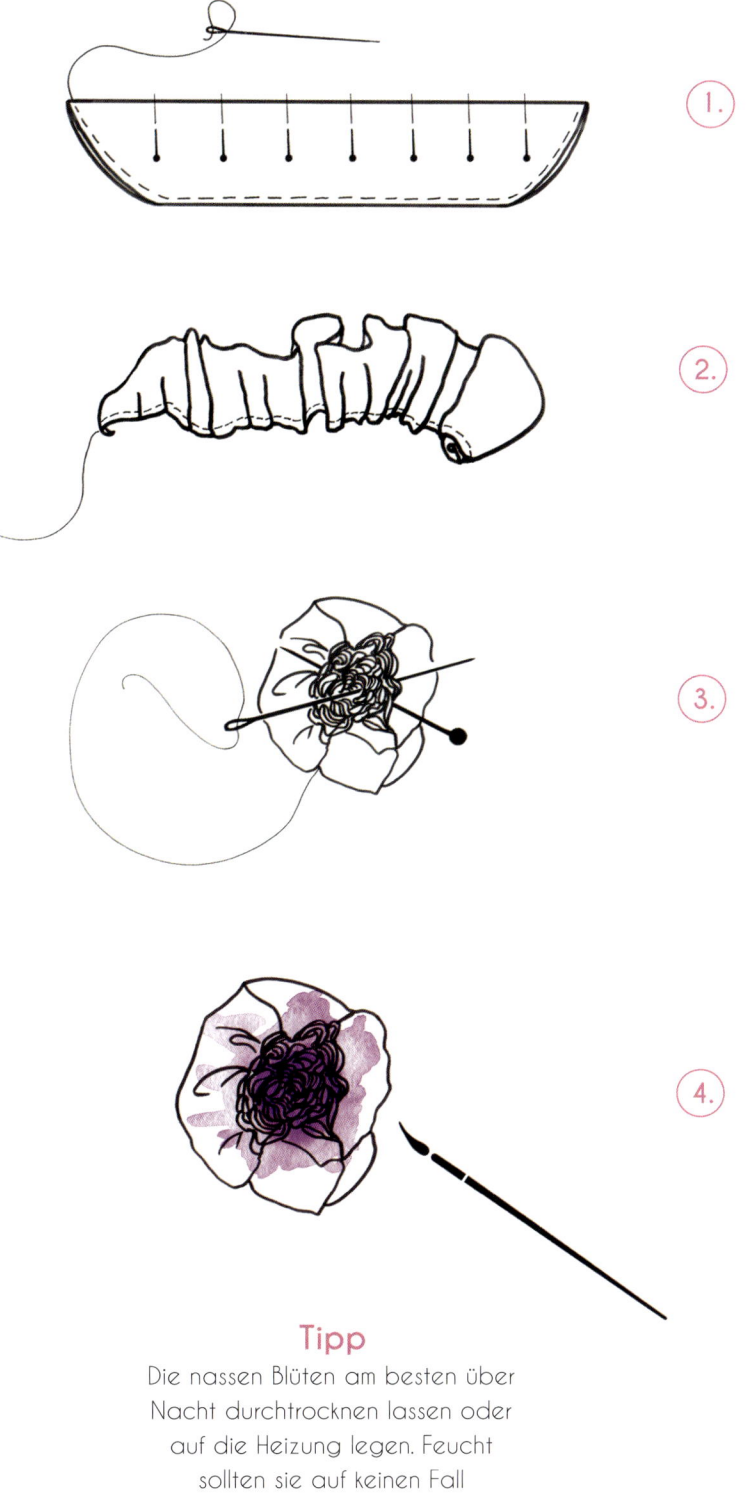

1.

2.

3.

4.

Tipp
Die nassen Blüten am besten über Nacht durchtrocknen lassen oder auf die Heizung legen. Feucht sollten sie auf keinen Fall verarbeitet werden.

Kopfschmuck

1. Den Wollfilzstreifen zuschneiden und die Blüten so darauf verteilen, dass der ganze Filz bedeckt ist. Die Blüten vorsichtig mit Stecknadeln fixieren.

2. Einen ca. 25 cm langen Faden abschneiden, durch eine dünne lange Modistennadel fädeln und mehrfach verknoten. Nacheinander die einzelnen Blüten auf den Filz nähen. Dabei mit der Nadel von unten durch den Filz nach oben in die Blüte und senkrecht wieder nach unten einstechen. Darauf achten, dass die Stiche möglichst mittig bzw. verdeckt gesetzt werden.

3. Einen ca. 30 cm langen Faden in eine Modistennadel oder Perlennadel fädeln, mehrfach verknoten und in jeder Kanzashi-Blüte je nach Größe ca. 3–5 Perlen befestigen. Dadurch wird das Loch, wo die Blütenblätter aneinanderstoßen, verdeckt. Dafür mit der Nadel senkrecht von unten durch den Filz stechen und jede Perle zweimal sichern.

4. Mit zwei Stecknadeln den Wollfilzstreif mitsamt den Blumen auf dem Haarreifen befestigen. Darauf achten, dass der Abstand links und rechts vom Ende des Haarreifs gleichmäßig ist. Eine Seite lösen, den Haarreif bis zu der Stelle, wo der Wollfilz endet, mit Textilkleber bestreichen und vorsichtig andrücken. Auf der anderen Seite wiederholen. Evtl. mit Stecknadeln sicher und warten, bis der Kleber getrocknet ist.

Variationen für Kanzashi-Blüten

Wer seinen Haarreifen nur mit den japanischen Kirschblüten verzieren möchte, geht wie folgt vor.

KIRSCHBLÜTEN-HAARREIFEN

Benötigt werden dafür 5 große und 8–10 kleine Kanzashi-Blüten.

1. Schritt 1–6 des Projekts „Madame les Fleurs" auf den Seiten 92–93 folgen.

2. Schritt 1–4 auf Seite 96 folgen. Die Blüten möglichst eng mit Stecknadeln auf dem Wollfilzstreifen fixieren, sodass kein Wollfilz mehr zu sehen ist.

Auch als Variante für einen Brautkopfputz wie „Jolie Mariée" sind die Blüten sehr schön geeignet. Dafür einfach einen schmaleren Haarreifen verwenden, den Hutschleier wie auf den Seiten 86–87, Schritt 9–11 anbringen und 10 kleine Kanzashi-Blüten herstellen. Die Textilfarbe passend zum Brautkleid wählen oder die Blüten einfach uni lassen. Die Perlen aufnähen und die Blüten nebeneinander mit Textilkleber aufkleben.

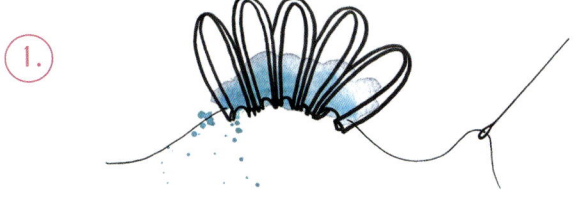

KLEINE KAPPE MIT KANZASHI-BLÜTEN:

Je nach Größe und Form der Kappe werden ca. 5–6 große und 6–8 kleine Blüten benötigt.

1. Eine kleine Kappe (z. B. Projekt „Madame Bonbon Fulminante" oder „Mademoiselle Poulain") herstellen. Dafür Schritt 1–5 des Projekts „Madame Bonbon Fulminante" auf den Seiten 100–101 folgen.

2. Die Blüten auf der Kappe verteilen, mit Stecknadeln fixieren und mit einer dünnen Nähnadel auf die Kappe nähen. Danach die Perlen in der Mitte der Blüten aufsticken.

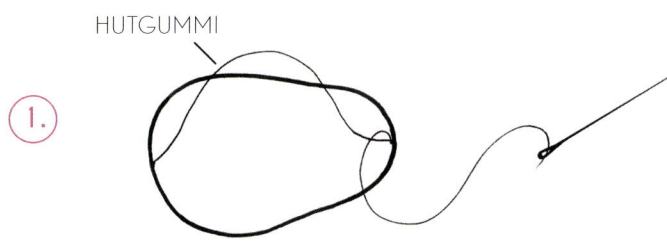

HUTGUMMI

„MADAME BONBON FULMINANT"

Diese extravagante kleine Kappe ist zwar zuckersüß, hat aber garantiert keine Kalorien. Die Bonbons lassen sich auch einzeln oder in einer anderen Farbe sehr schön verwenden.

Das wird gebraucht:

Filzhut mit runder Kopfform

dünner Baumwollstoff in Schwarz-Weiß gestreift

dünner Satin in Schwarz

Stabperlen in Rot und Schwarz

Nähgarn in passenden Farben

Füllwatte

Modistennadeln

Perlennadeln

Stecknadeln

evtl. eine kleine Zange

Anleitung Bonbons:

großes Bonbon: 11 × 11 cm

mittleres Bonbon: 9 × 9 cm

kleines Bonbon: 8 × 8 cm

Zu allen Schnittteilen 1 cm Nahtzugabe pro Seite dazurechnen.

Anleitung Basiskappe

1. Mit Schneiderkreide eine ovale Form auf die Krone des Hutes aufzeichnen und mit der Schneiderschere ausschneiden.

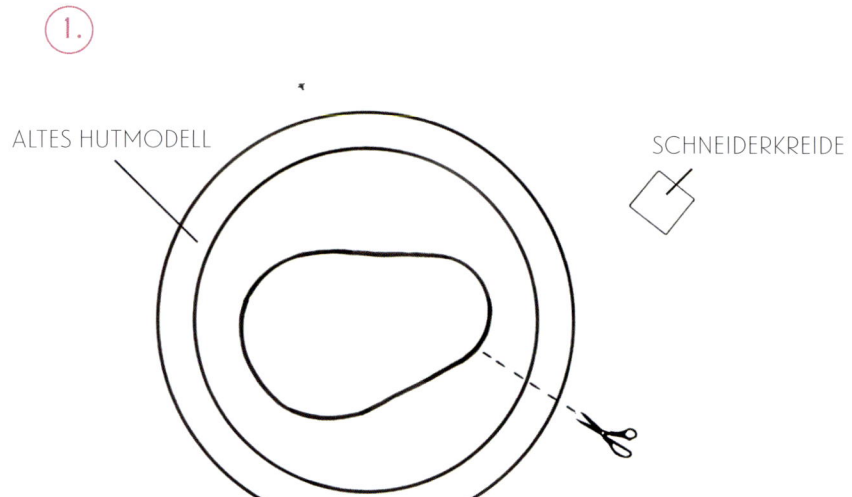

ALTES HUTMODELL

SCHNEIDERKREIDE

2. Den Hut an den Kopf halten und bestimmen, wo das Hutgummi angenäht werden soll. Die Stelle markieren. Einen ca. 30 cm langen Faden abschneiden, doppelt nehmen und mehrfach verknoten. Bevor die endgültige Länge des Hutgummis festgelegt wird, erst eine Seite annähen. Das Hutgummi so anlegen, dass das Ende bündig mit der Kante des Hutes ist. Mit ca. 7–10 Stichen festnähen, sodass das Gummi beim Ziehen nicht herausrutscht. Dann den Hut an den Kopf halten und die Länge des Hutgummis bestimmen. Die andere Seite festnähen.

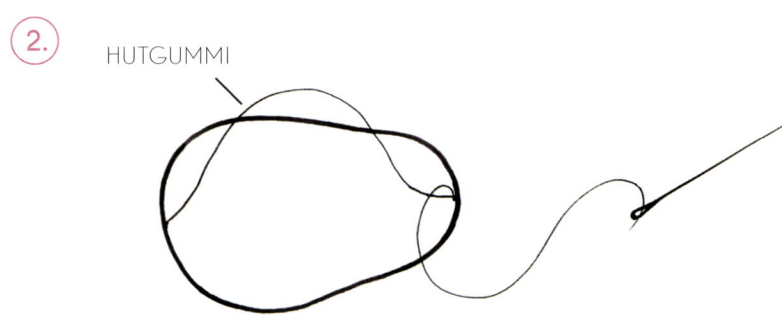

HUTGUMMI

3. Den Umfang der Hutkante messen und den Wert auf einen Schrägstreifen aus dem gestreiften Baumwollstoff übertragen. An beiden Enden 1 cm Nahtzugabe dazurechnen. Der Schrägstreifen sollte 4 cm breit sein. Die Enden des Schrägstreifens rechts auf rechts aufeinanderlegen, an der Nahtlinie mit Stecknadeln fixieren, steppen und die Nahtzugaben auseinanderbügeln. Nun die beiden Seiten des Schrägstreifens bis knapp zur Mitte falten und mit dem Bügeleisen dämpfen, sodass ein Falz zu erkennen ist. Wieder auffalten und rechts auf rechts, Kante an Kante mit Stoffklammern auf den Hut heften. Vorsichtig mit 3–3,5 mm Stichlänge steppen.

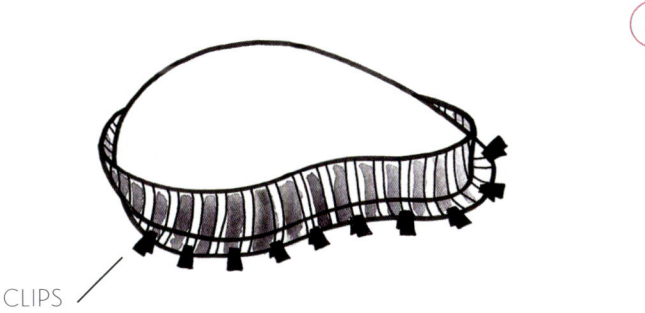

CLIPS

4. Die Nahtzugabe an der Falzkante umschlagen und die Kante des Hutes einfassen. Mit Stoffklammern fixieren.

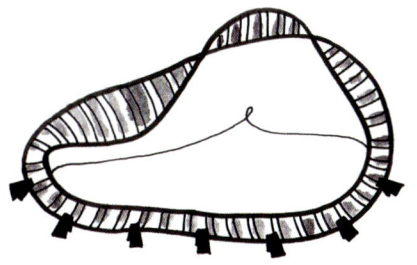

5. Einen ca. 40 cm langen Faden in eine Modistennadel fädeln und das Ende mehrfach verknoten. Mit der Nadel von unten ca. 2 mm breit leicht schräg einstechen, sodass die Nadel oben genau an der Kante zwischen Hut und Schrägband wieder austritt. Mit ca. 5 mm langen Stichen das Band annähen und das Ende 2-mal verstechen.

AUSSEN

INNEN

Anleitung Bonbons

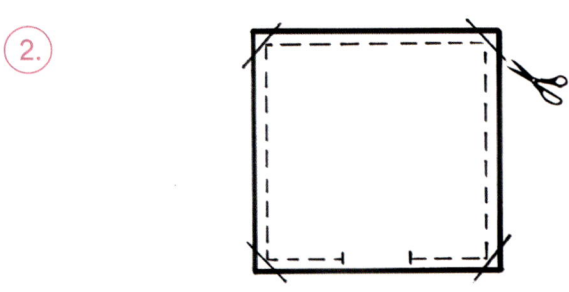

1. Für die Bonbons Quadrate aus dem gestreiften Baumwollstoff und dem schwarzen Satin zuschneiden. Pro Bonbon werden 2 Quadrate benötigt. Die Quadrate rechts auf rechts aufeinanderlegen und mit Stecknadeln fixieren. Unbedingt darauf achten, dass an einer Seite des Quadrats in der Mitte ca. 2–2,5 cm Naht offen bleiben.

2. Die Naht steppen und an der offenen Stelle mit Rückstichen sichern. Die Nahtzugabe auf ca. 5 mm zurückschneiden und die Ecken abschneiden. Das Viereck durch die offene Stelle wenden und die Kanten ausbügeln.

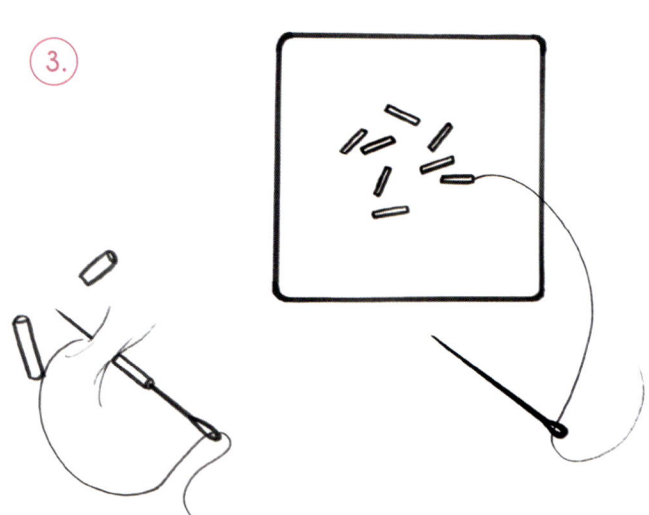

3. Für die Bonbons mit Perlen einen ca. 30 cm langen Faden in der Farbe der Perlen abschneiden, auf eine Perlennadel fädeln und das Fadenende mehrfach verknoten. Mit der Nadel durch die Unterseite des Stoffes stechen, die Perle auffädeln ca. 7 mm daneben wieder einstechen, wieder durch das erste Loch stechen, durch die Perle fädeln und einstechen. Die Perlen gleichmäßig in der Mitte des Vierecks verteilen. Die Ränder aussparen.

4. Einen ca. 20 cm langen schwarzen Faden in eine dünne Modistennadel fädeln, das Ende mehrfach verknoten und zur Seite legen. Etwas von der Füllwatte in die Mitte eines Vierecks legen und zu einem Bonbon rollen, sodass die offene Seite verdeckt wird. Ein Ende zu einem Zipfel drehen. Mit Nadel und Faden durch den gedrehten Stoff stechen, 2-mal umwickeln und verstechen. Bei der anderen Seite wiederholen. Falls zu wenig Watte im Bonbon ist, evtl. noch etwas nachstopfen und noch einmal in Form drücken.

5. Die fertigen Bonbons mit der offenen Seite nach unten auf der Kappe verteilen und mit Stecknadeln fixieren. Es sollte möglichst die ganze Kappe bedeckt sein, das gestreifte Einfassband aber sichtbar bleiben.

6. Einen 40 cm langen schwarzen Faden in eine Modistennadel fädeln und das Ende mehrfach verknoten. Von unten durch den Hut stechen und jedes Bonbon mit 2–3 Stichen an den Zipfelknoten festnähen. Für den Fall, dass die Nadel zu schwer durch den Stoff geht, kann eine kleine Zange zu Hilfe genommen werden. Das Fadenende verstechen.

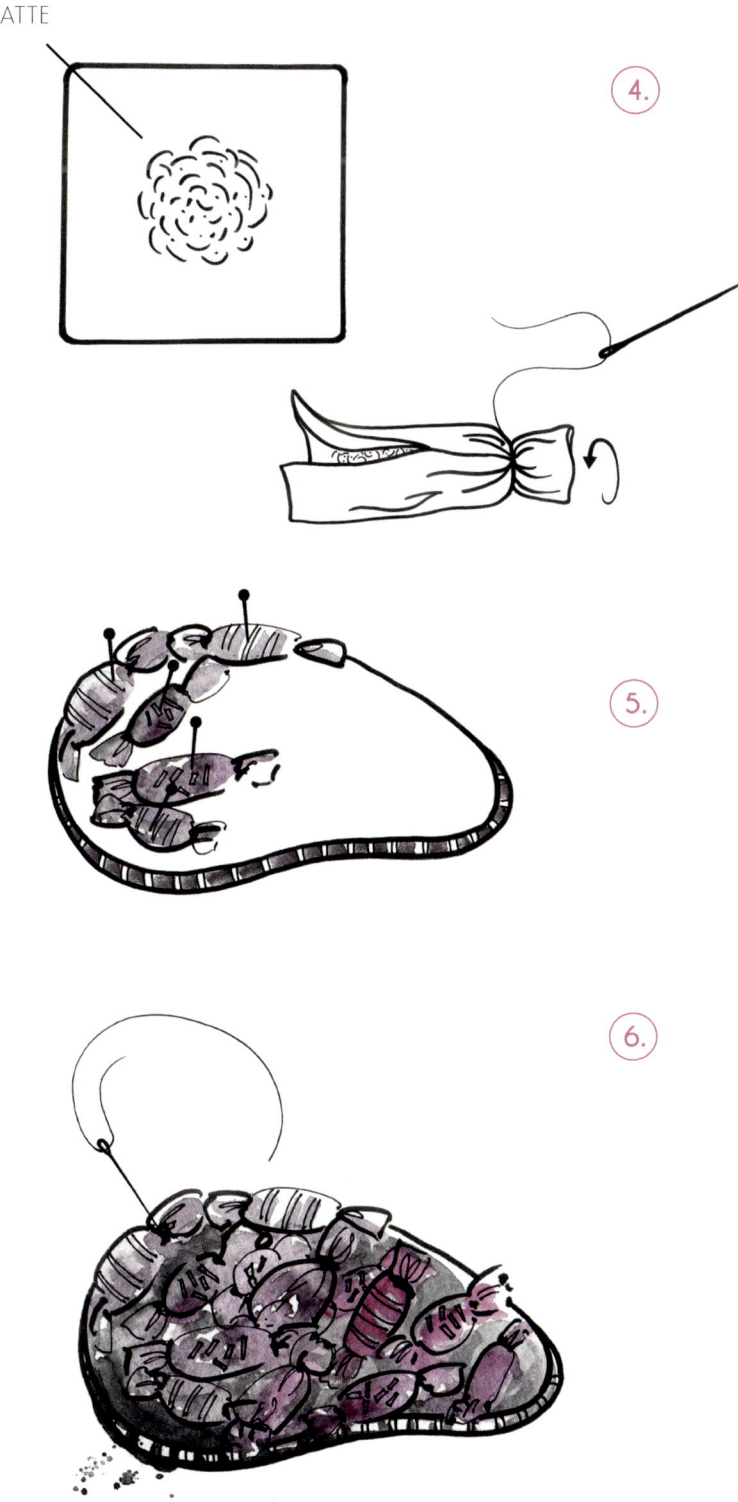

WATTE

4.

5.

6.

Zu guter Letzt

All good things come to an end.

WO BEKOMME ICH WAS? & NÜTZLICHE LINKS

Alle Materialien, Stoffe und Werkzeuge, die ich in diesem Buch verwendet habe, gibt es in beinahe jedem gut sortierten Bastelbedarfs-, Handarbeits- und Kurzwarengeschäft zu kaufen oder im Internet zu bestellen.

Eine Auswahl an Firmen, die ich empfehlen kann und deren Produkte ich in diesem Buch unter anderem benutzt habe:

Allerlei praktische Helfer und Kurzwaren bieten die Firmen Prym & Clover an. Hier bekommt man von Fingerhut bis Modistennadel und Stoffklammern so ziemlich alles, was das Nähen leichter macht. Einlagenstoffe für so gut wie jedes Nähprojekt stellt z. B. die Firma Freudenberg (Vlieseline) her. Garne, Perlen und auch Stoffe in sehr guter Qualität gibt es bei Gütermann. Die passenden Nähmaschinennadeln für die diversen Stoffe erhält man bei der Firma Schmetz. Die Seidenmalfarbe, die ich für die Aquarellblumen benutzt habe, ist von der Firma Marabu.

Nicht überall leicht zu bekommen sind die folgenden Materialien, die im Buch verwendet werden. Für sie habe ich eine Linksammlung zu Online-Shops zusammengestellt.

STRASSSTEINE (HOTFIX)
www.gogoritas.de
www.rayher-hobby-shop.de

MODESCHLEIER & BASISKAPPEN
www.bigis-schatzkiste.de
www.etsy.com
www.dawanda.com

WOLLFILZ
www.trolle-und-wolle.de
www.wollknoll.eu

QUELLENVERZEICHNIS

Barbe, Josephine: Hut und Putz. Kreationen aus Filz, Stroh und Stoff, Haupt. Bern; Stuttgart; Wien 2002

Feyerabend, F.V.: Mode Accessoires. Fashion Accessomries. Vorlagen für Modedesign & zweisprachiges Nachschlagewerk (Deutsch/Englisch) Templates for Fashion Design & Bilingual Reference Work (German/English), Stiebner. München 2009

Loschek, Ingrid: Reclams Mode & Kostümlexikon, Reclam Stuttgart 1994

Moers, Paula und Cürten, Helene: Fachkunde für Putzmacherinnen, Dümmlers Fachbücherei. Bonn 1955

Wisniewski, Claudia: Kleines Wörterbuch des Kostüms und der Mode, Reclam. Stuttgart 1999

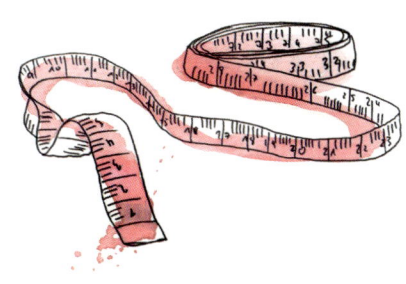

DANKSAGUNG

Vielen Dank an meine Sponsoren, die mich mit Nadeln, Perlen und Co. für dieses Buch unterstützt haben.

Prym Consumer Europe GmbH –
Carmen Follmann-Krämer
Gütermann GmbH – Nicole Laule
Ferd. Schmetz GmbH – Petra Donath
Clover Mfg Co., Ltd – Yasuko Okazaki

EIN BESONDERER DANK GEHT AN

Jessica Herber von Stadtelster.de für die zauberhaften Illustrationen, für unzählige Nachtschichten und ihren Mut und die Kraft, das mit mir durchzuziehen.

Andy Kämpf von refocus.de für die grandiosen Bilder und die vielen Stunden, die Ideen aus meinem Kopf vor die Kamera zu bringen.

Anja Köcher, „Mein Zwilling" für Kaffee, Schnittmuster, Projektentwicklung und stetiges Bemühen um mein Seelenwohl.

Lykka Frieda Margarethe Koch & Karsten Schaarschmidt, meine fabelhaften Models.

Claudia Solle & Dennis Klostermann für das Sortieren meiner Gedanken & Texte, Wegwischen der Zweifel und für das Ertragen meiner Nachtschichtanrufe.

Meine Eltern Tamara & Dietmar Köcher für tausend kleine und große Dinge, meine Oma Gisela Schäfer für ihre Tageslichtlampe & Nähmaschine.

Theresia Koch, J.T., Martin Stockmann, Genia Leipe, Hendrik Michel, Samy und all den anderen, die mir während dieses Projekts in jeglicher Form zur Seite gestanden haben.

ZUR AUTORIN

Claudia Köcher ist Modistin und Fashion-Stylistin, arbeitet und lebt in Weimar. Unter ihrem erfolgreichen Label „Die Zwillingsnadeln" schickt sie ihre Kreationen zu Kunden in der ganzen Welt. Wenn sie sich nicht gerade verrückte Hüte ausdenkt, arbeitet sie auch hin und wieder als Fashion-Stylistin für Foto & Film und Theaterproduktionen oder setzt mit verschiedenen Fotografen eigene Ideen um. Hüte von „Die Zwillingsnadeln" sind auch immer wieder in Modezeitschriften wie Vogue, InStyle, Blonde, Jolie, Myself oder Madame vertreten.

www.die-zwillingsnadeln.de

REGISTER

IMPRESSUM

Bibliografische Information der Deutschen Bibliothek.

Die Deutsche Bibliothek verzeichnet diese Publikation in der deutschen Nationalbibliografie. Detaillierte bibliografische Daten sind im Internet über http://www.d-nb.de/ abrufbar.

Bei der Verwendung im Unterricht ist auf dieses Buch hinzuweisen.

EIN BUCH DER EDITION MICHAEL FISCHER

1. Auflage 2015

Alle Rechte dieser Ausgabe bei © Edition Michael Fischer GmbH, Igling

Covergestaltung: Jessica Herber, Andy Kämpf
Fotos: Andy Kämpf
Illustration: Jessica Herber
Produktmanagement: Heike Fröhlich
Redaktion und Lektorat: Worthographie, Reutlingen
Layout: Tim Anadere, Bernadett Linseisen

ISBN 978-3-86355-314-3

Printed in Slovakia

www.emf-verlag.de